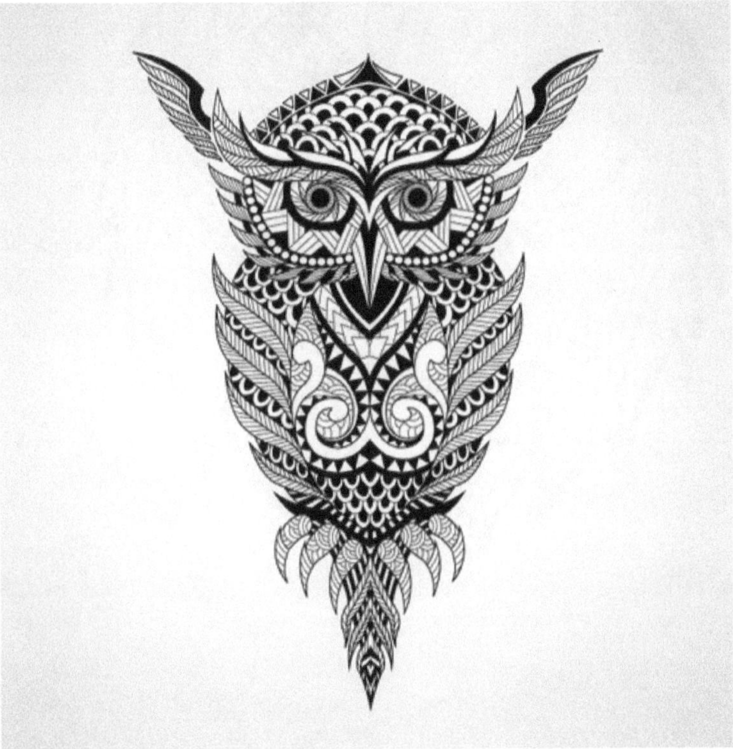

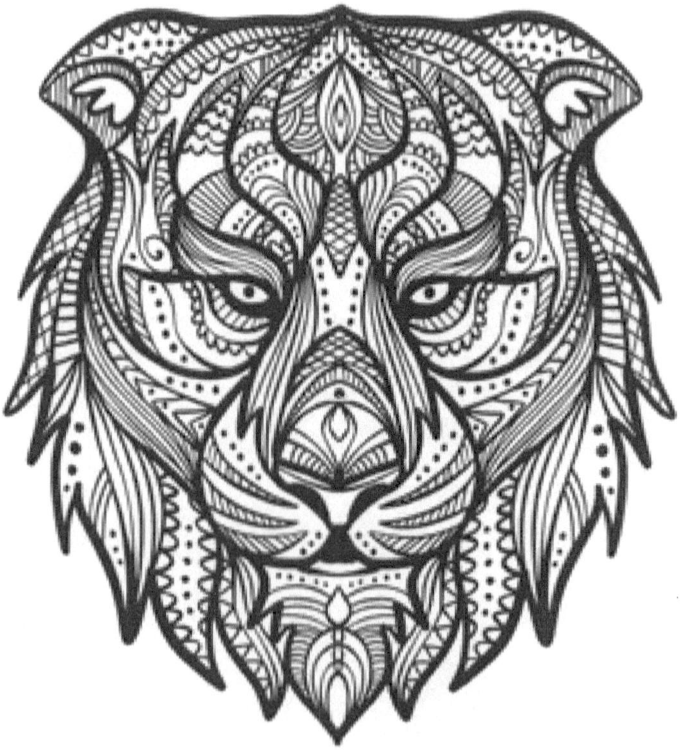

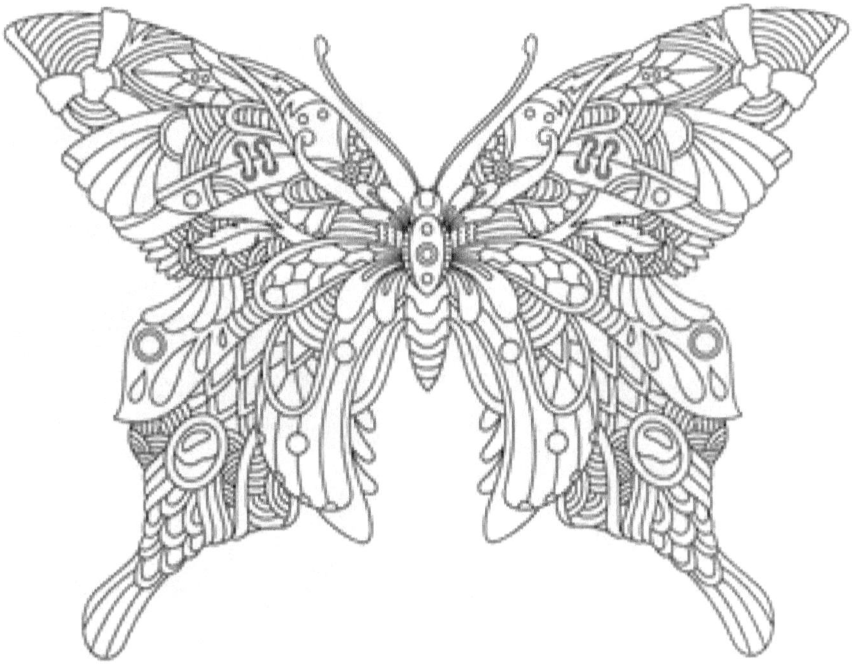

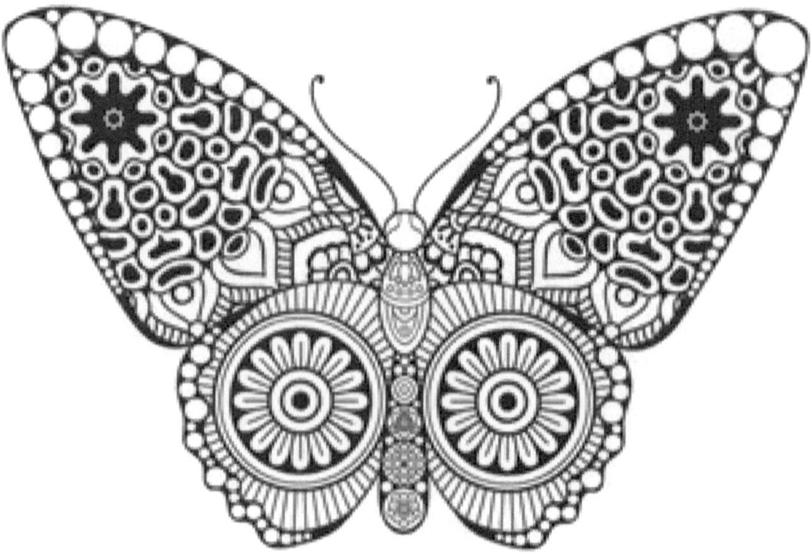

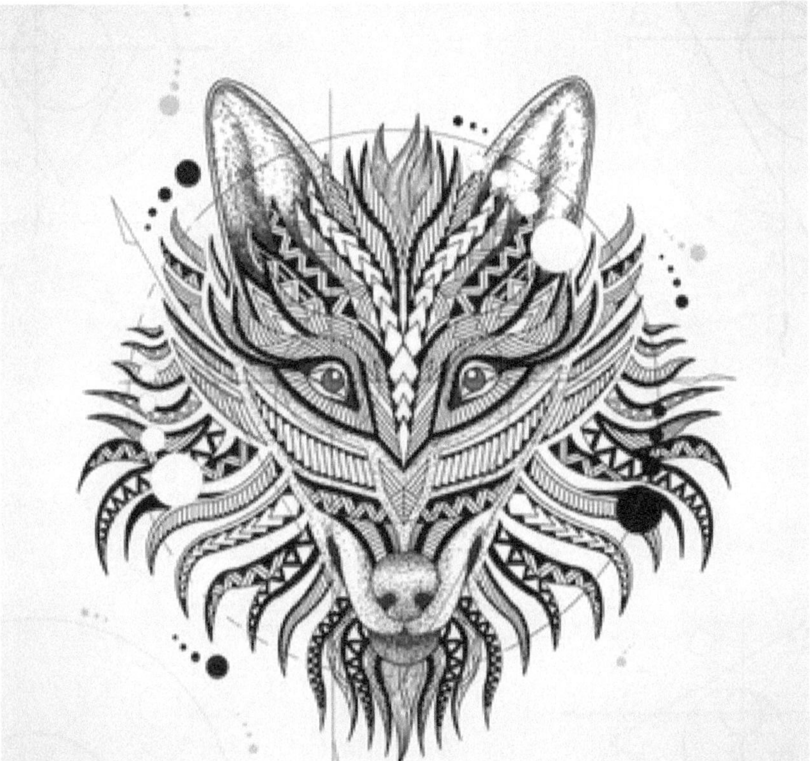

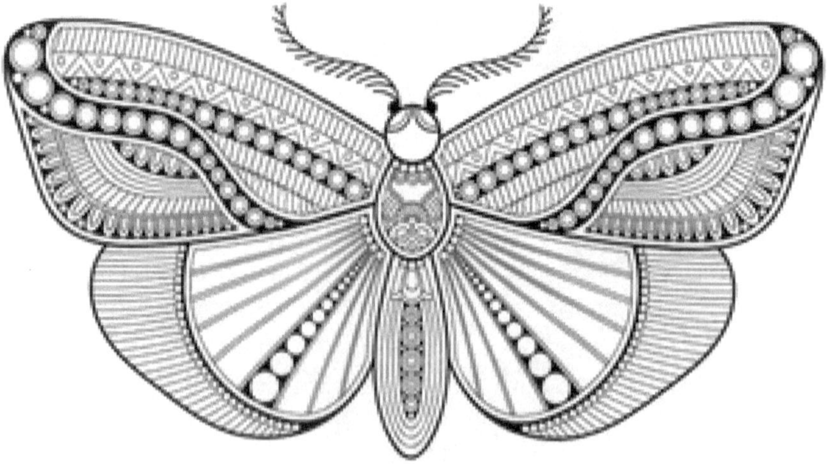

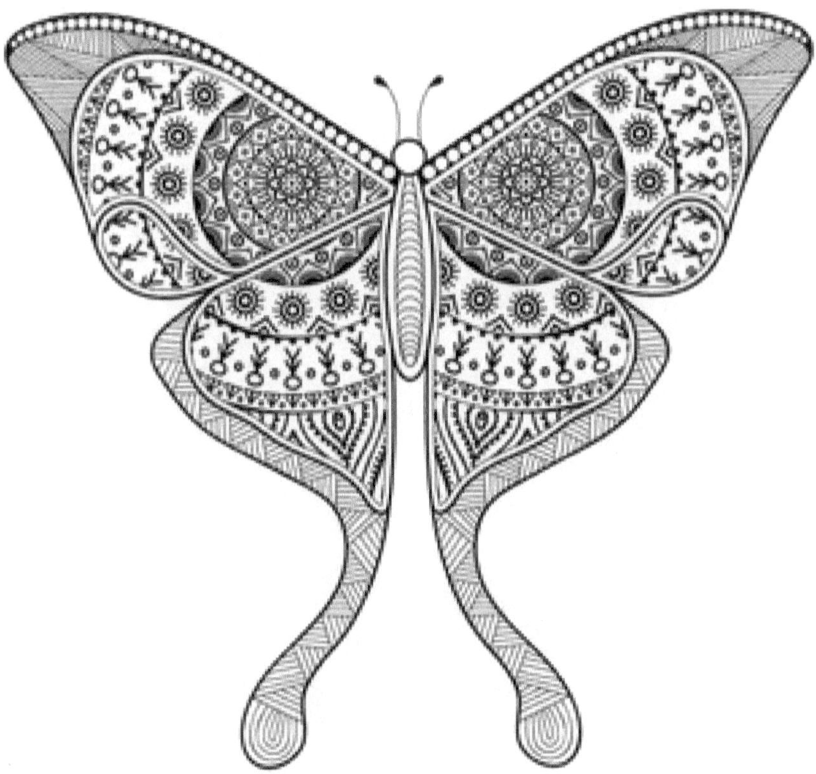

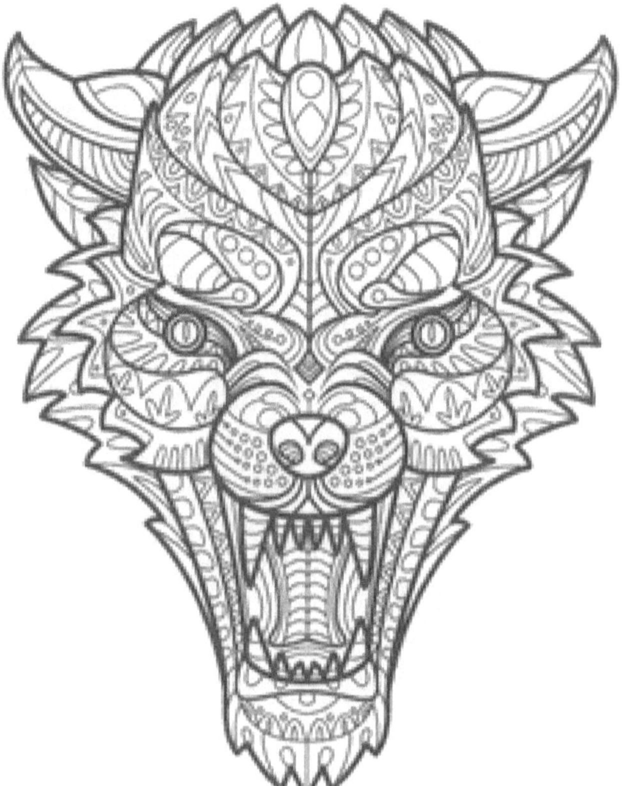

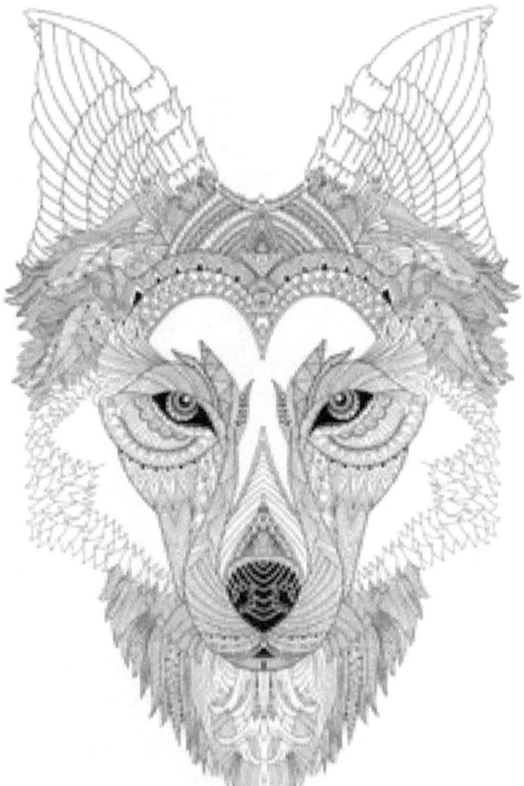

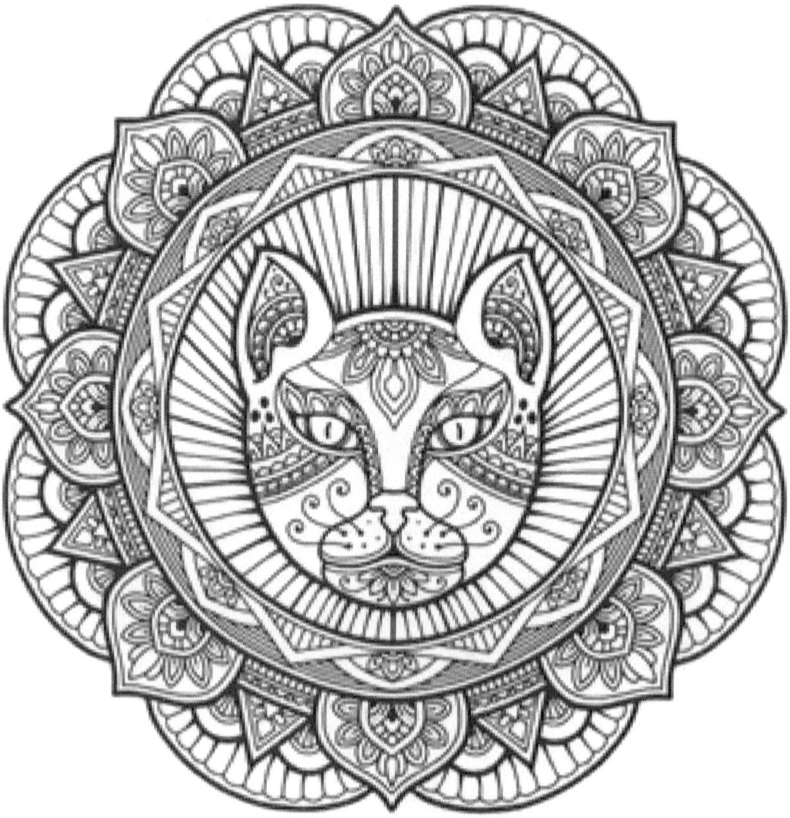

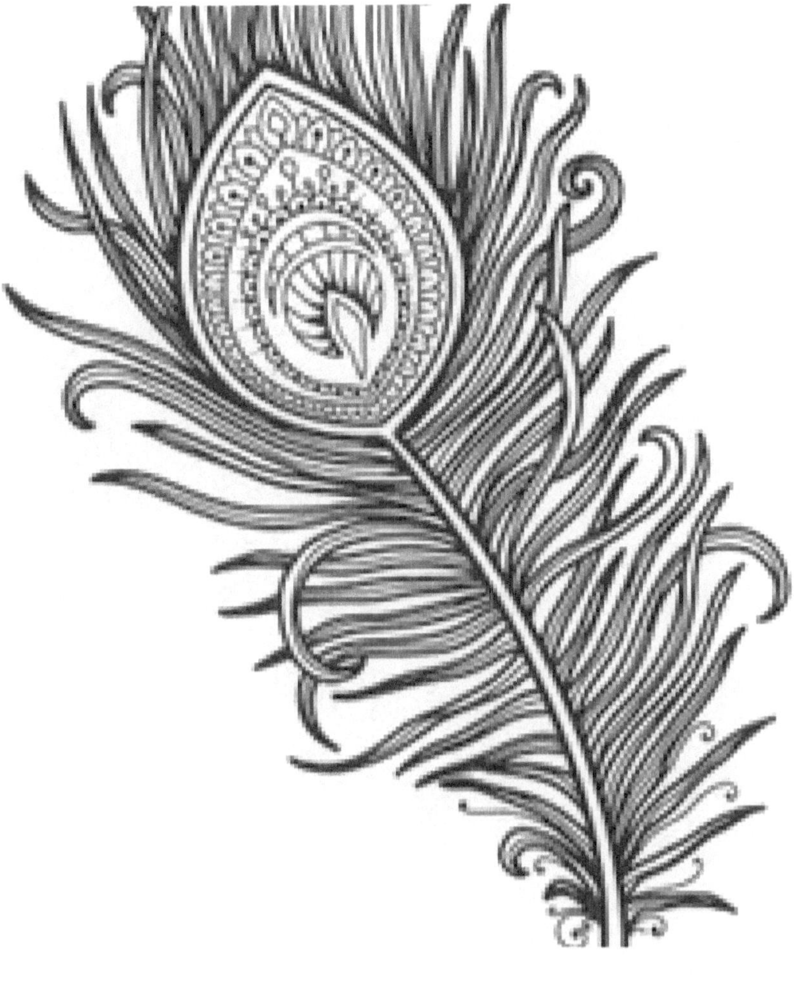

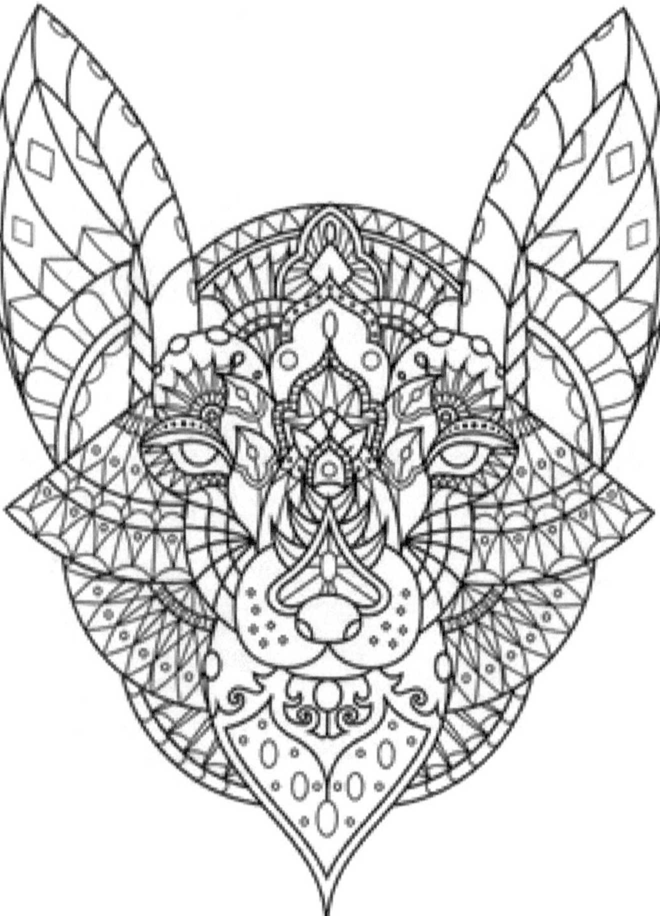

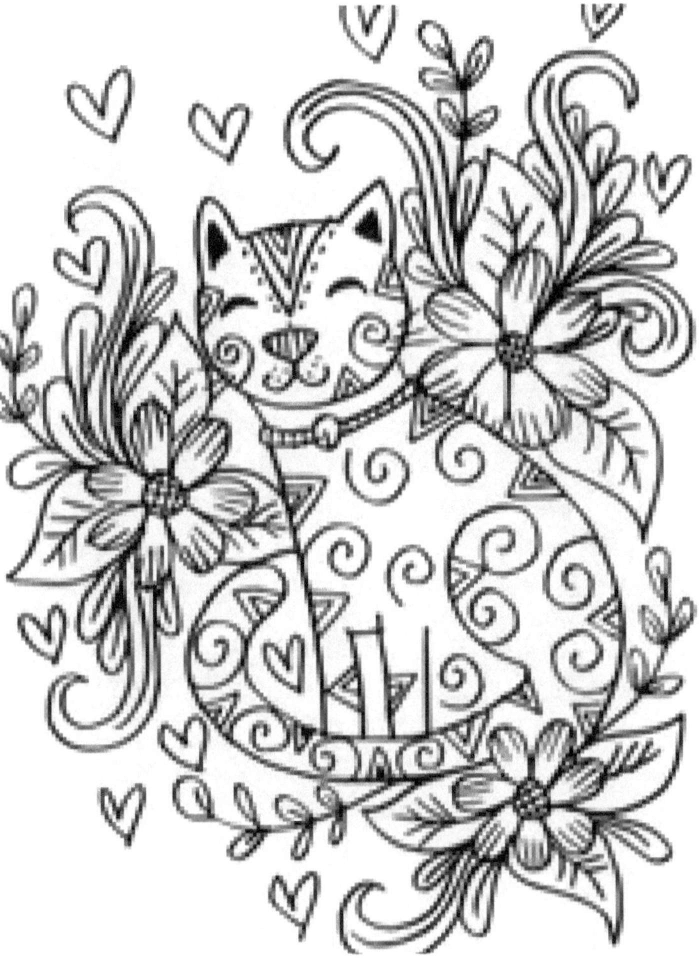

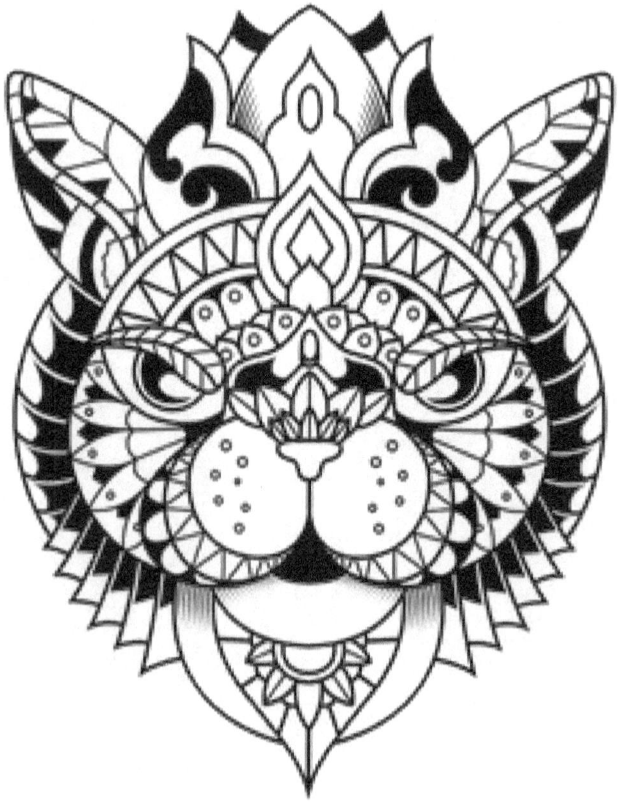

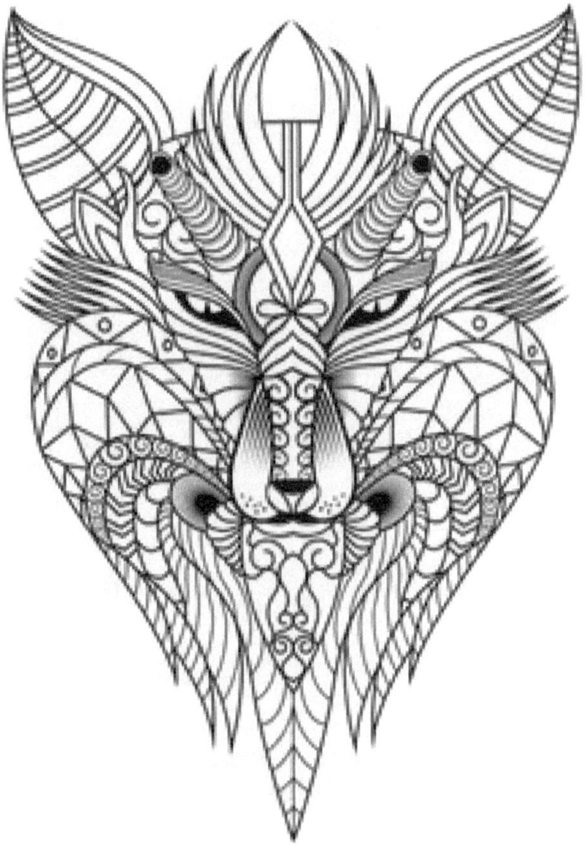

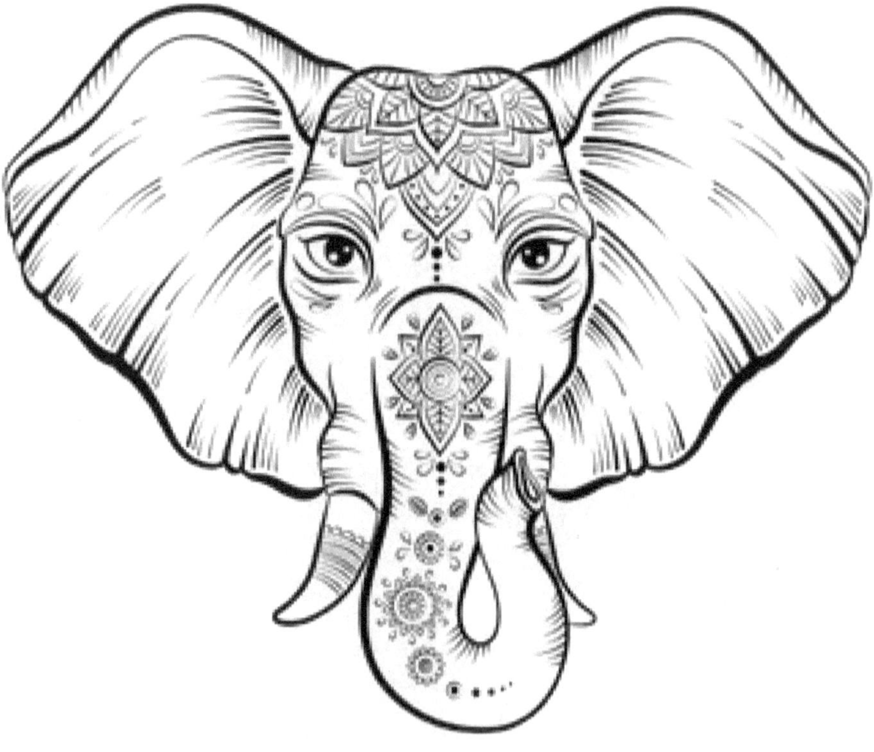

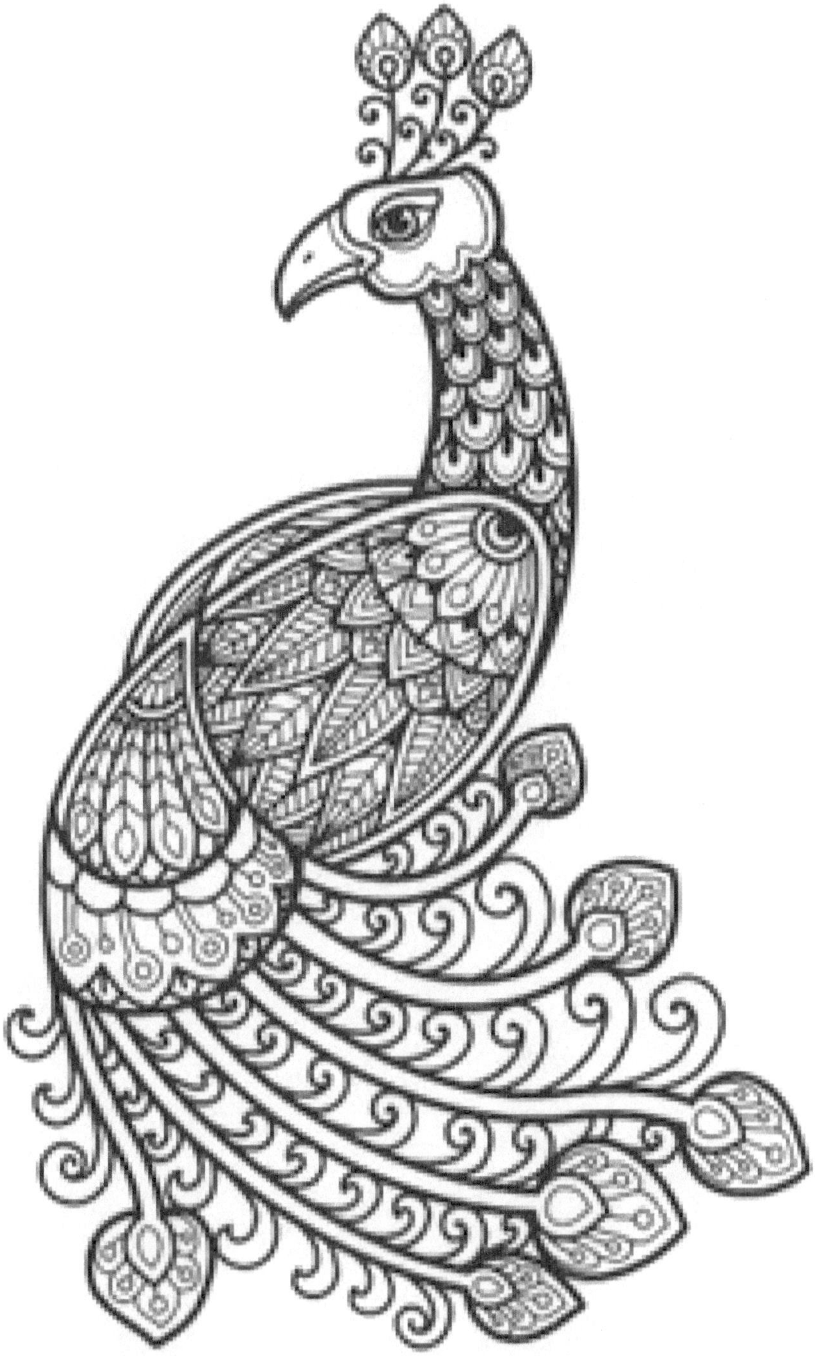

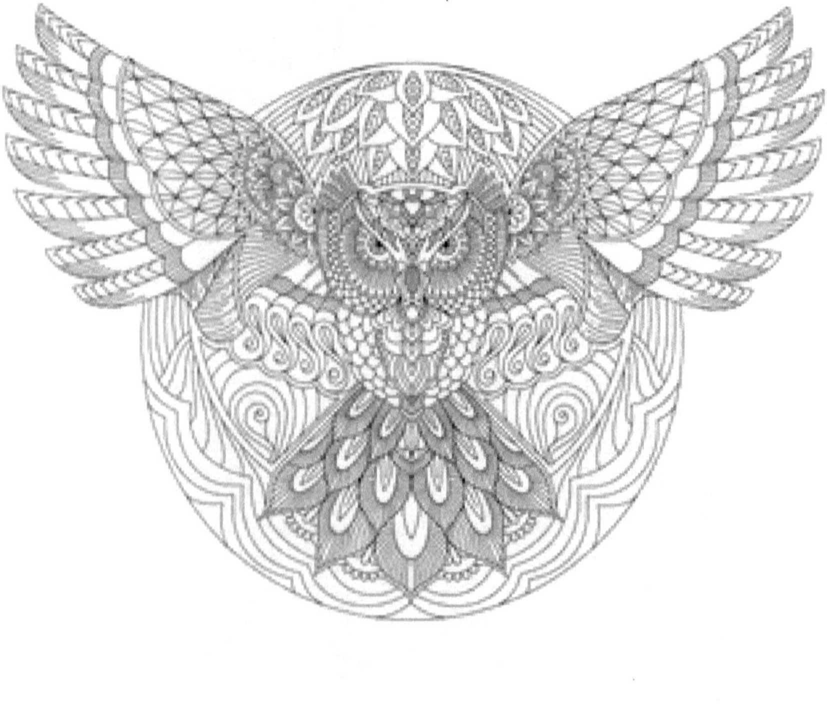

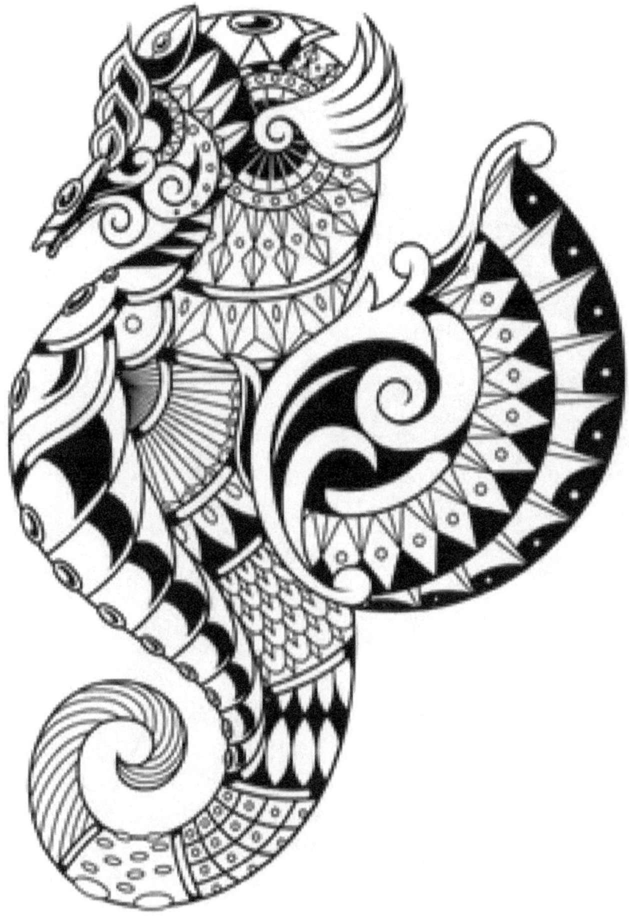

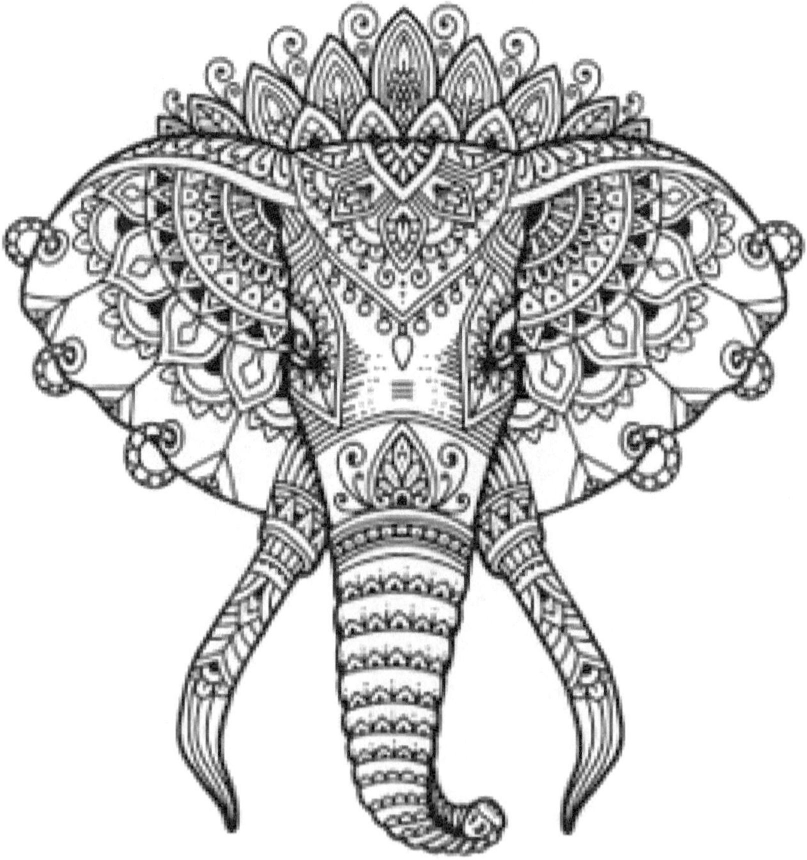

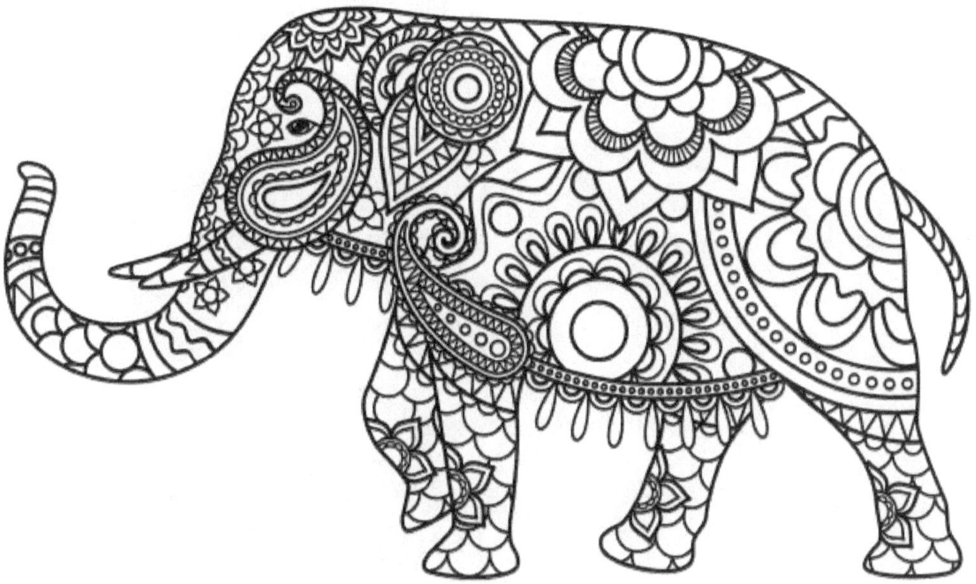

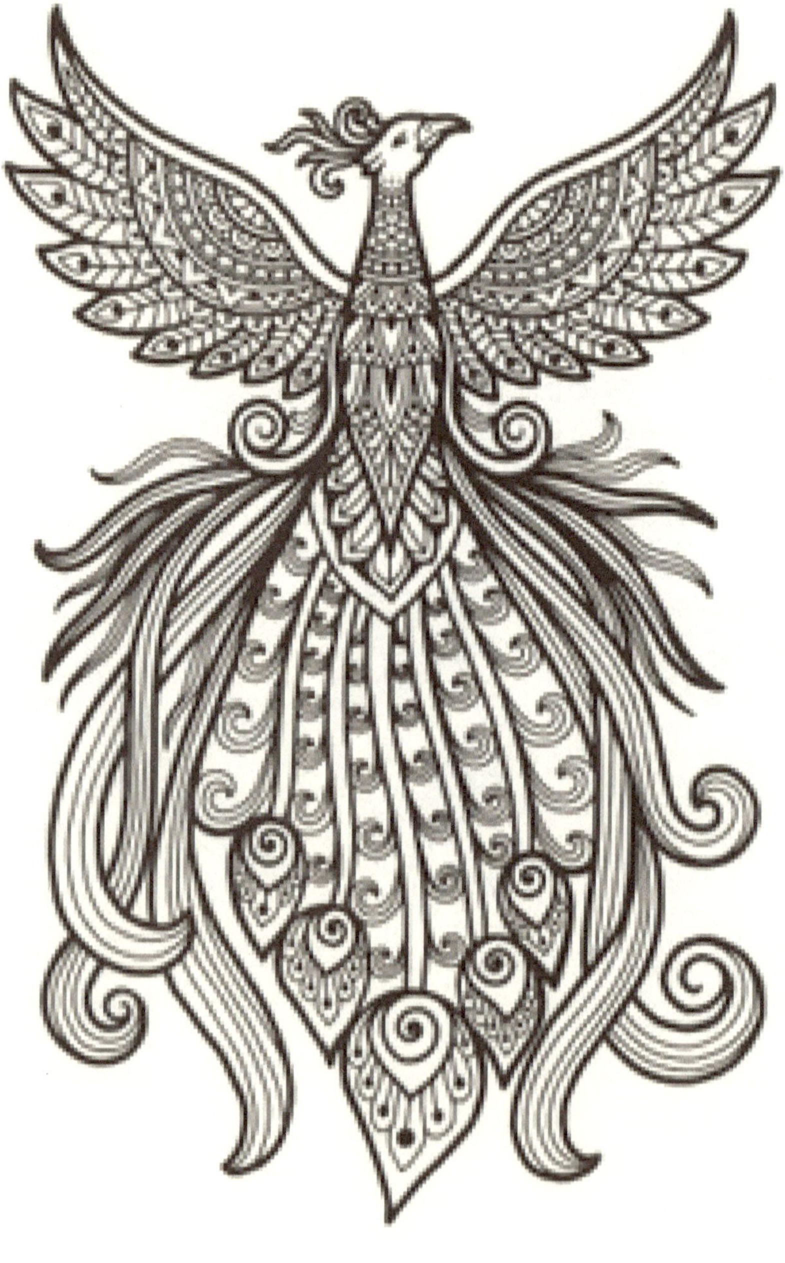

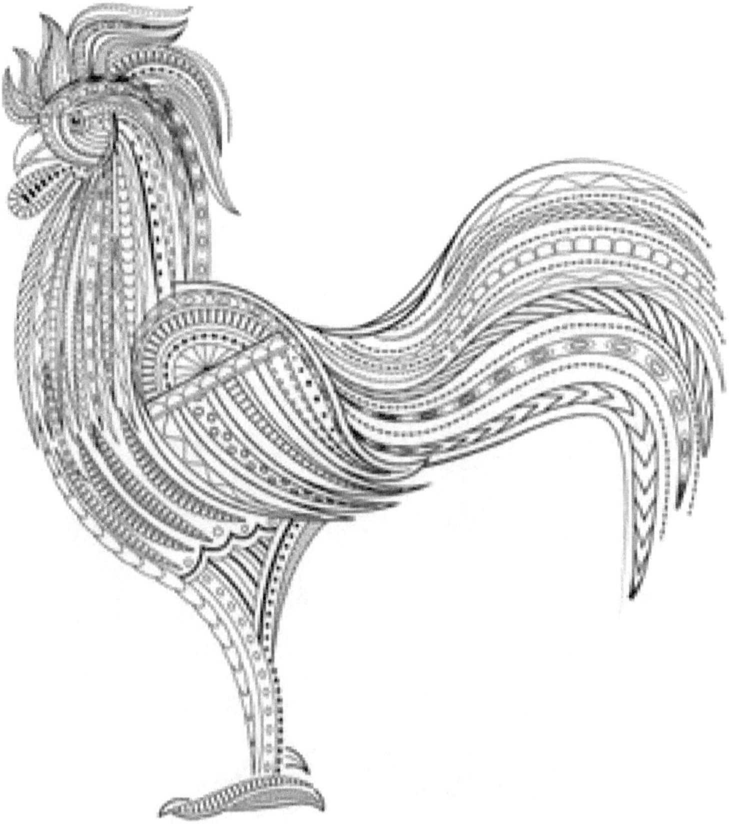

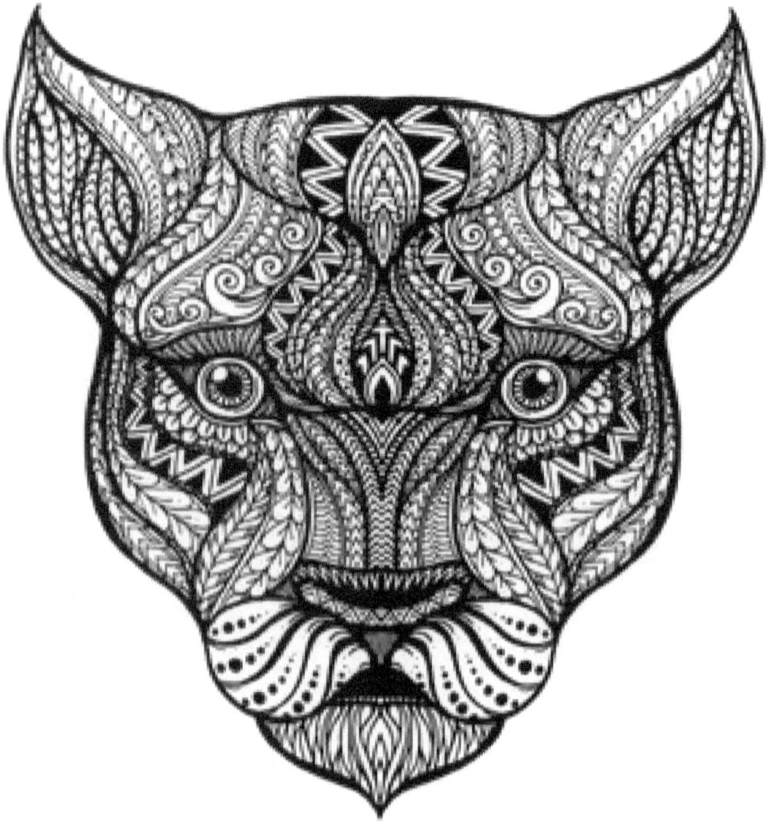

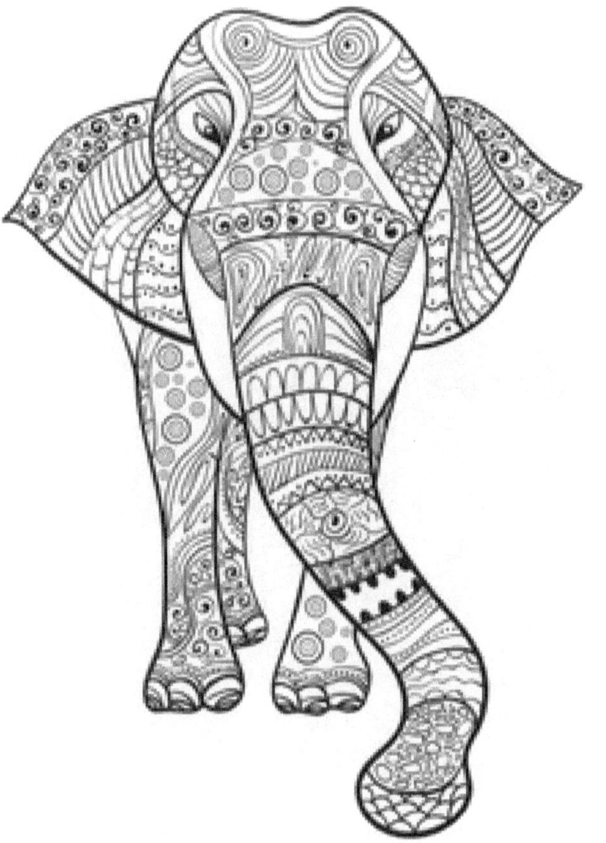

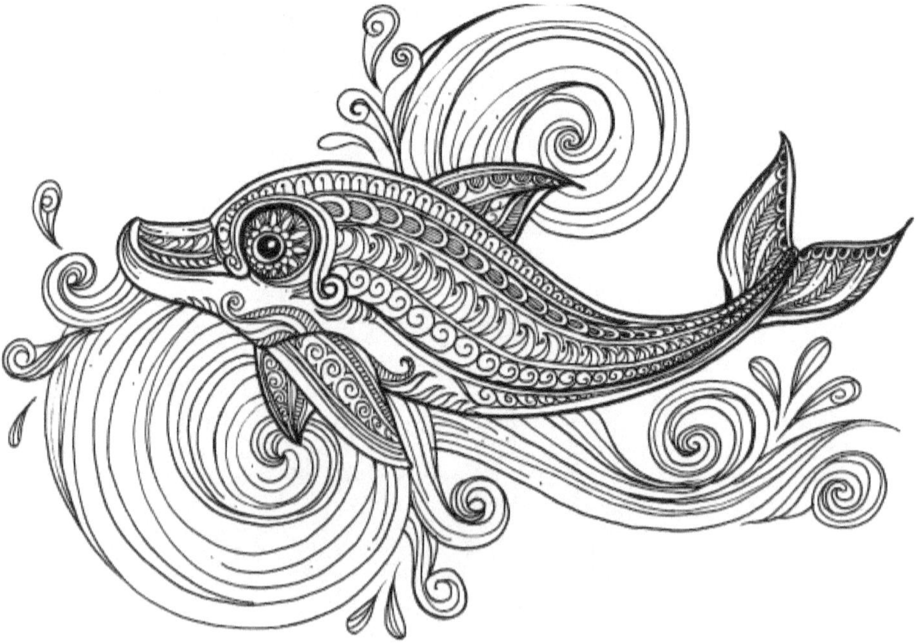

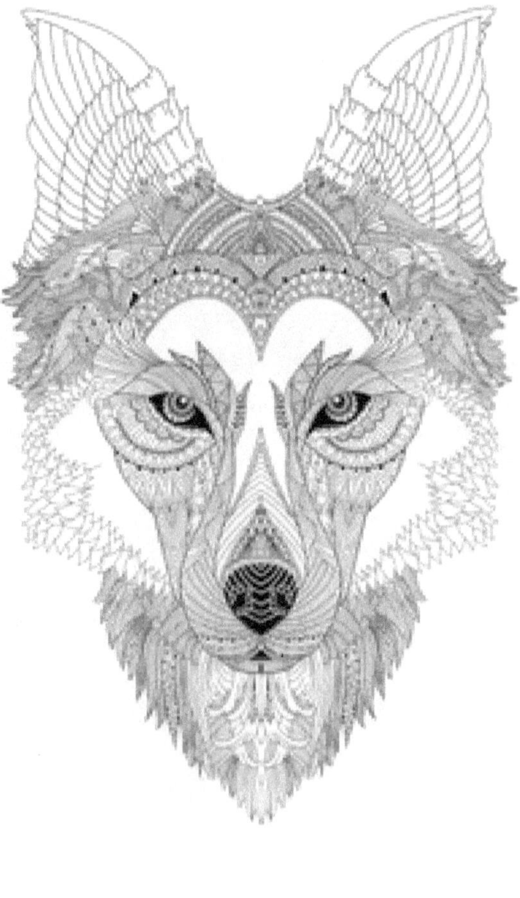

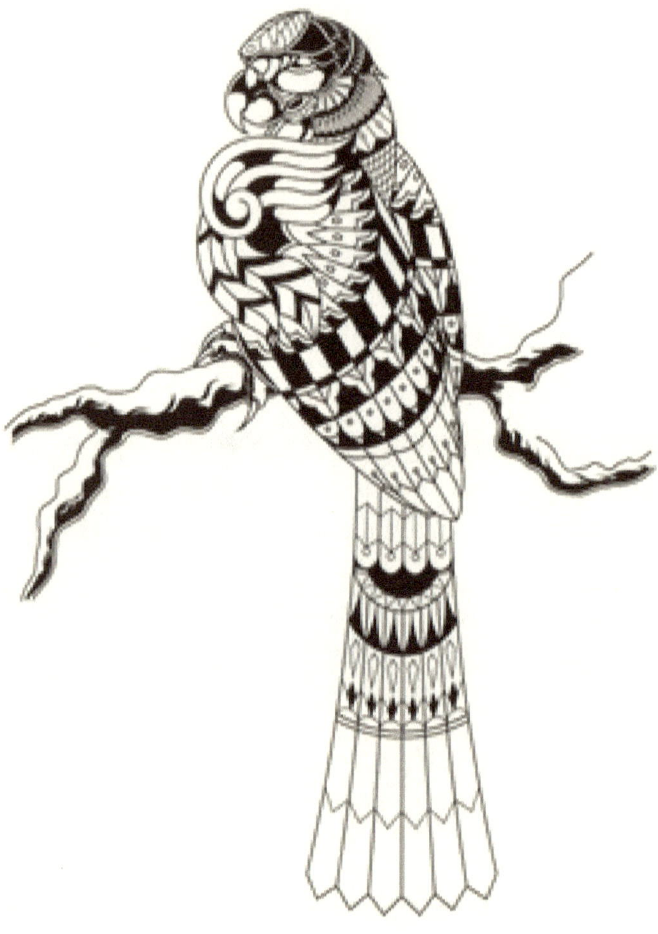

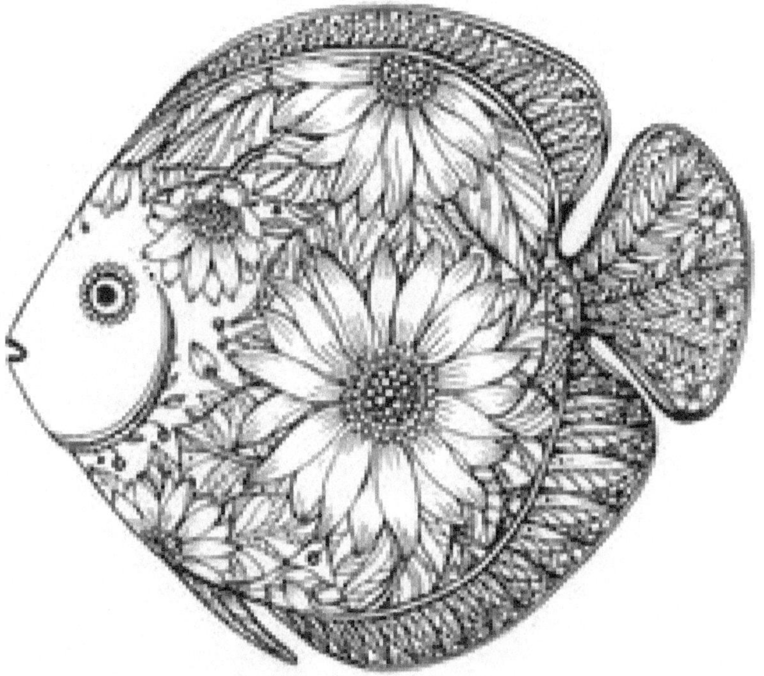

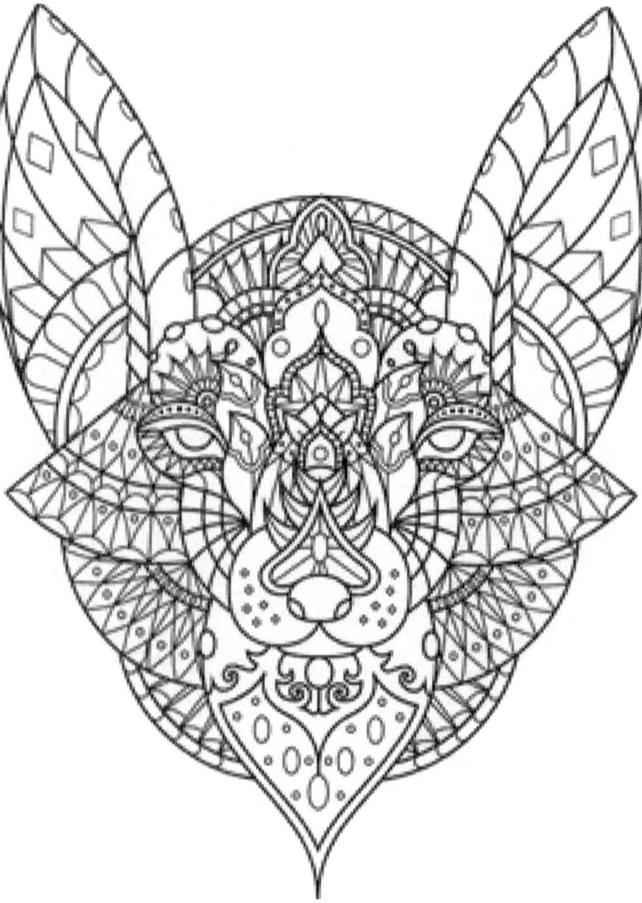

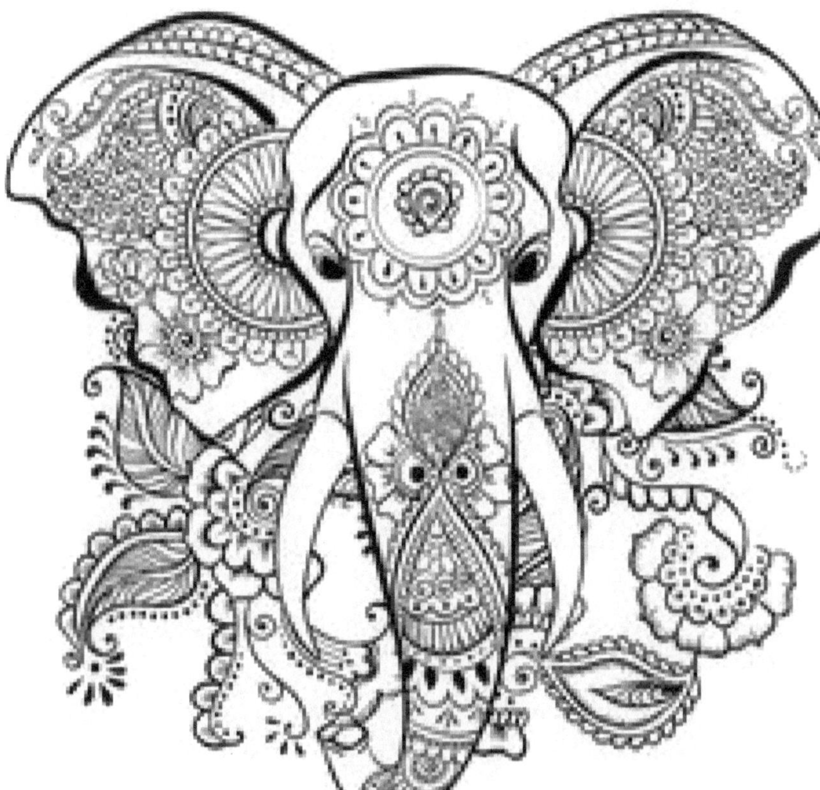

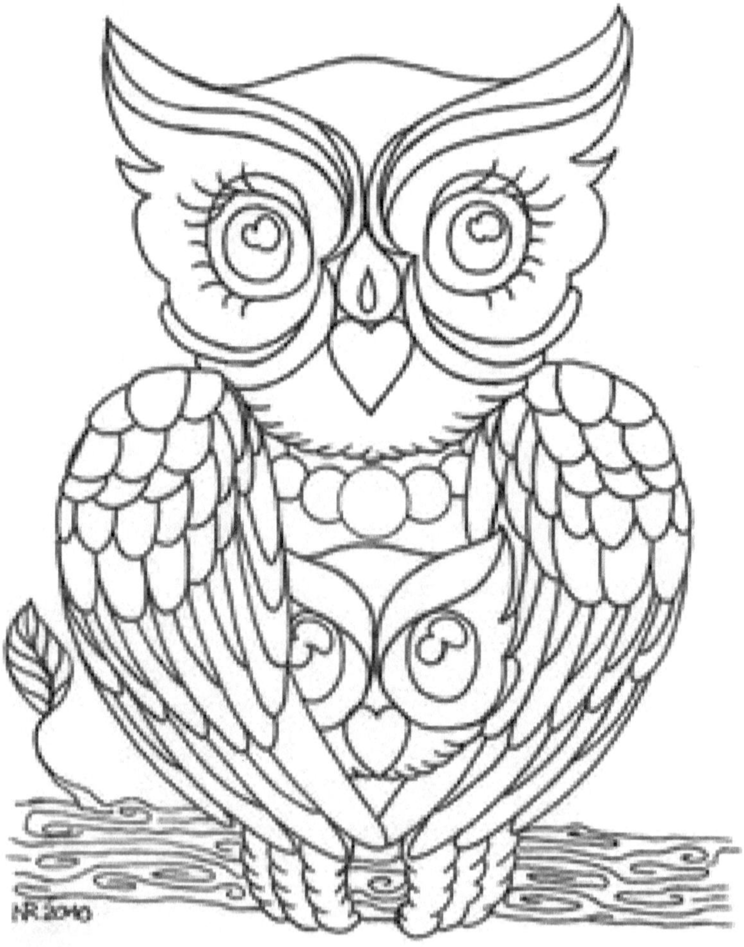
NR 2010

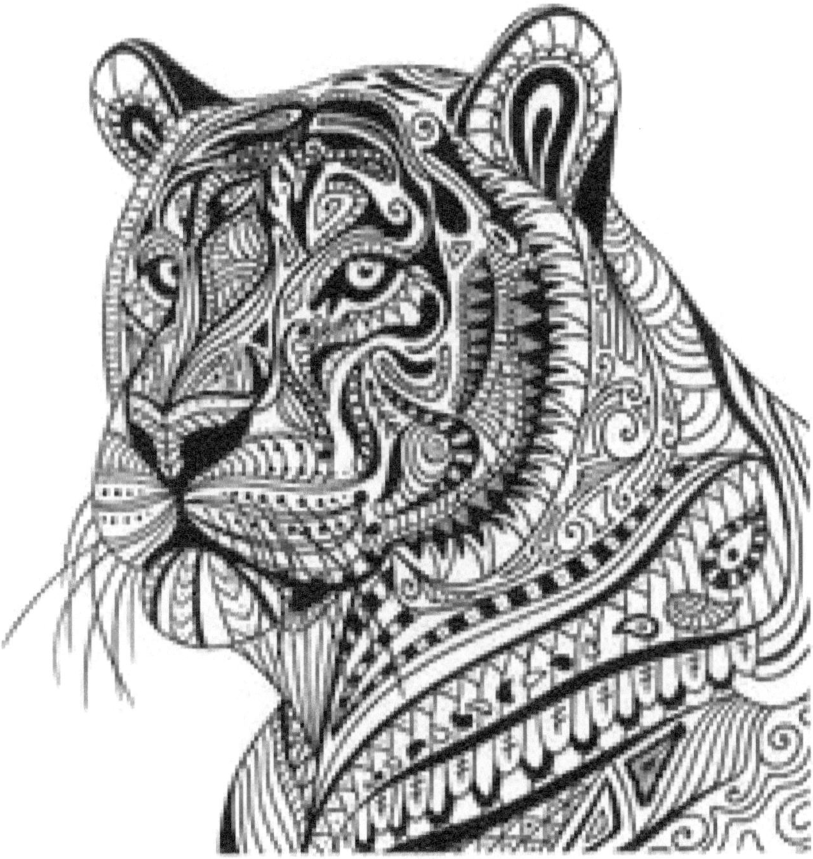

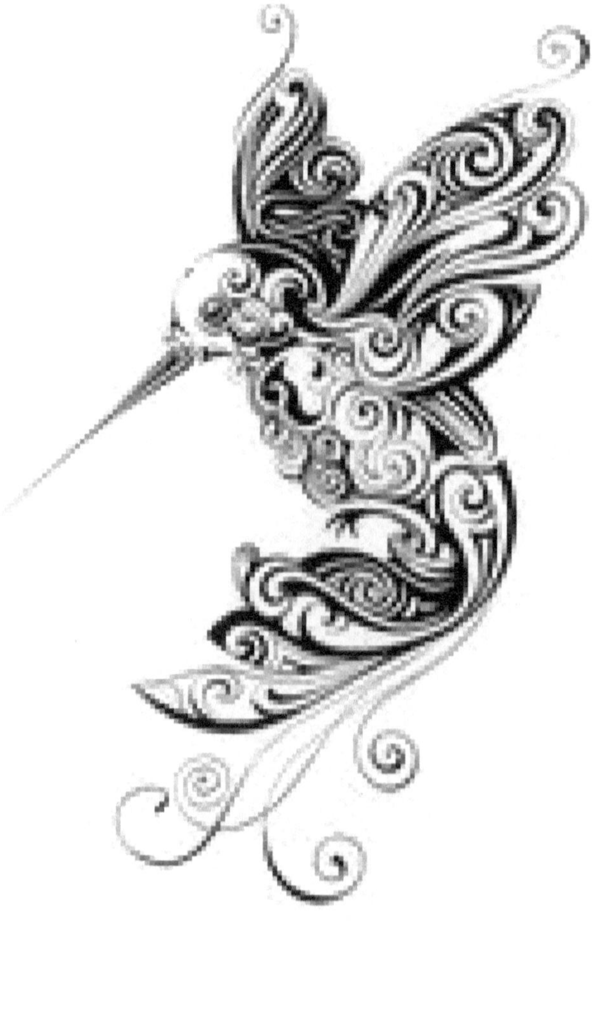

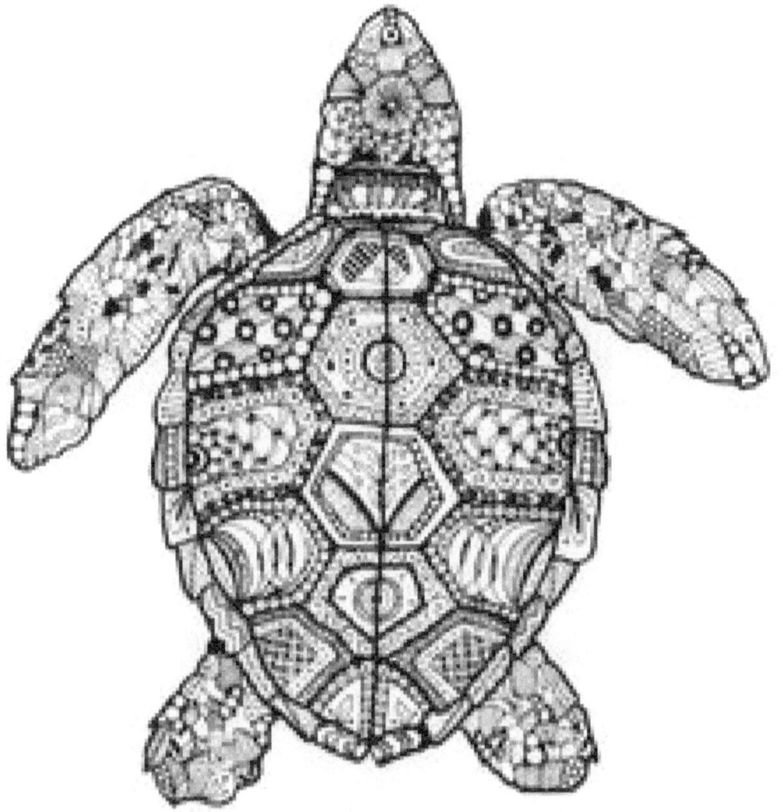

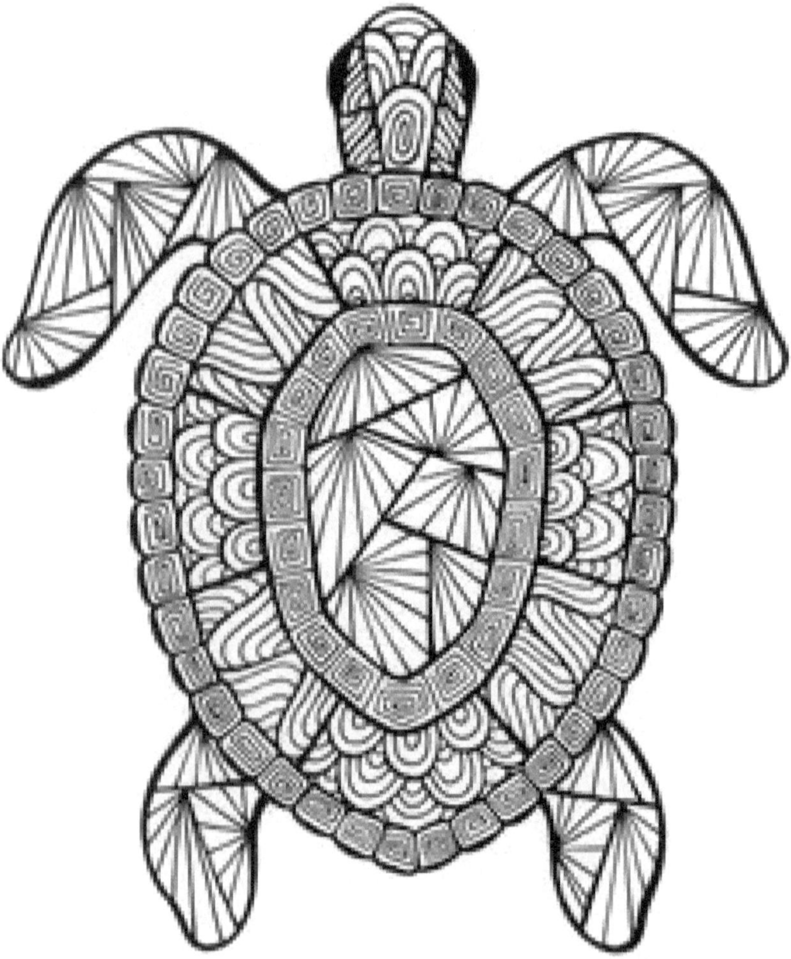

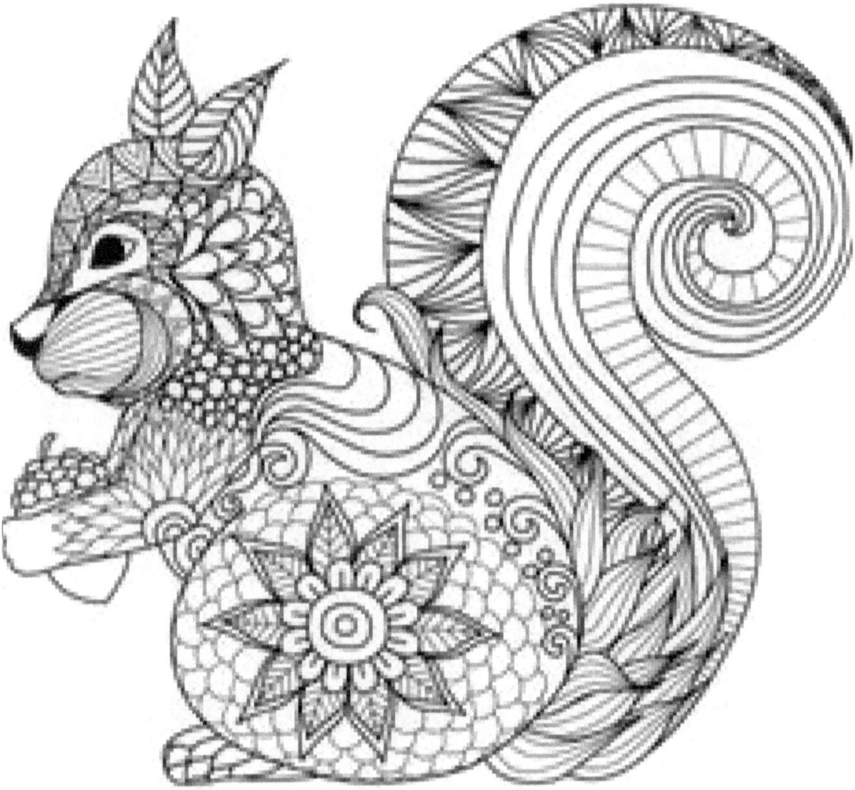

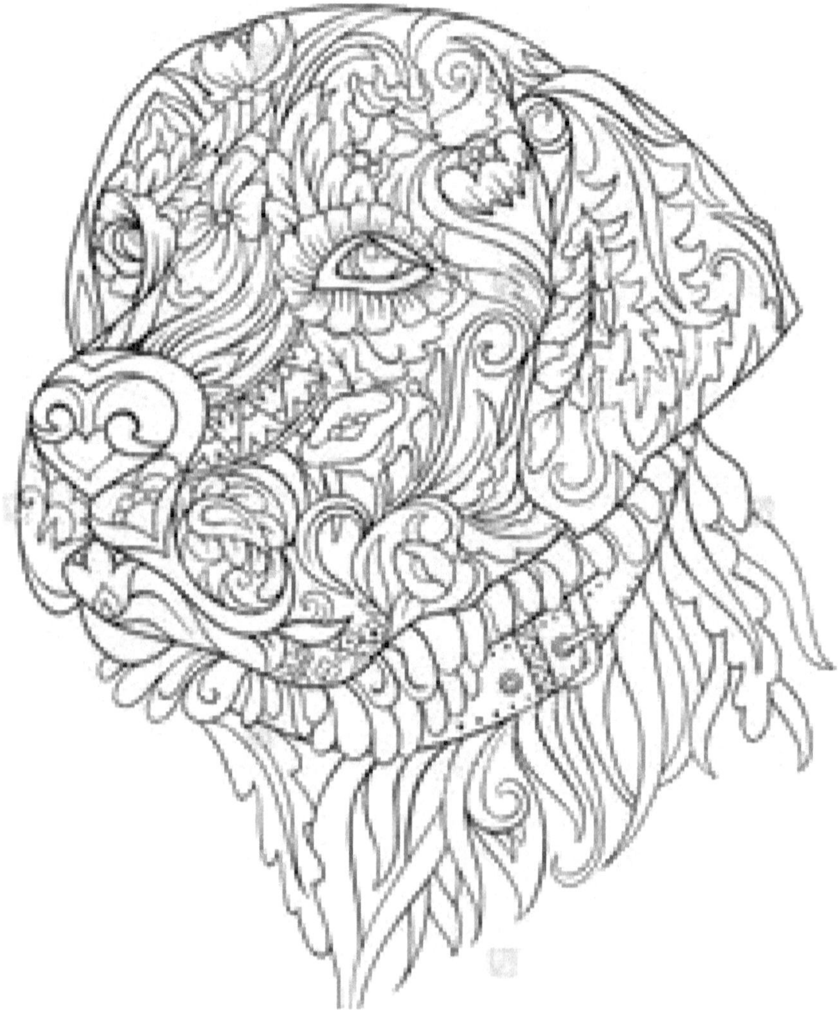

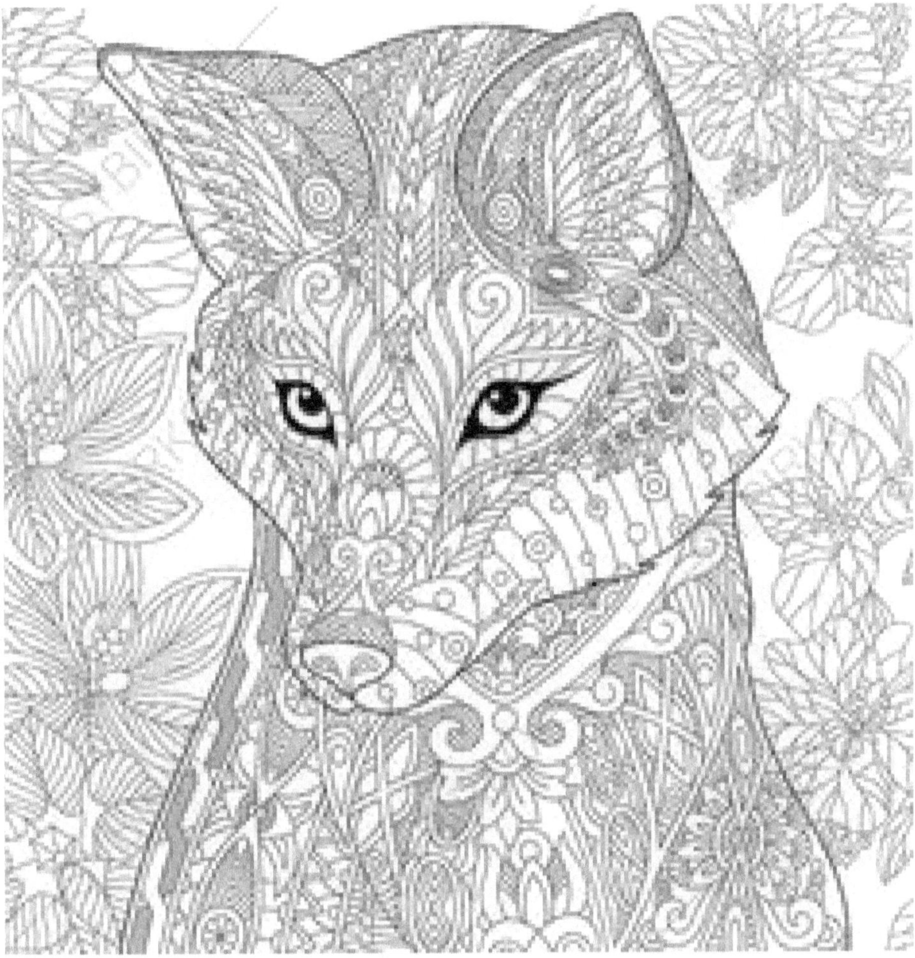

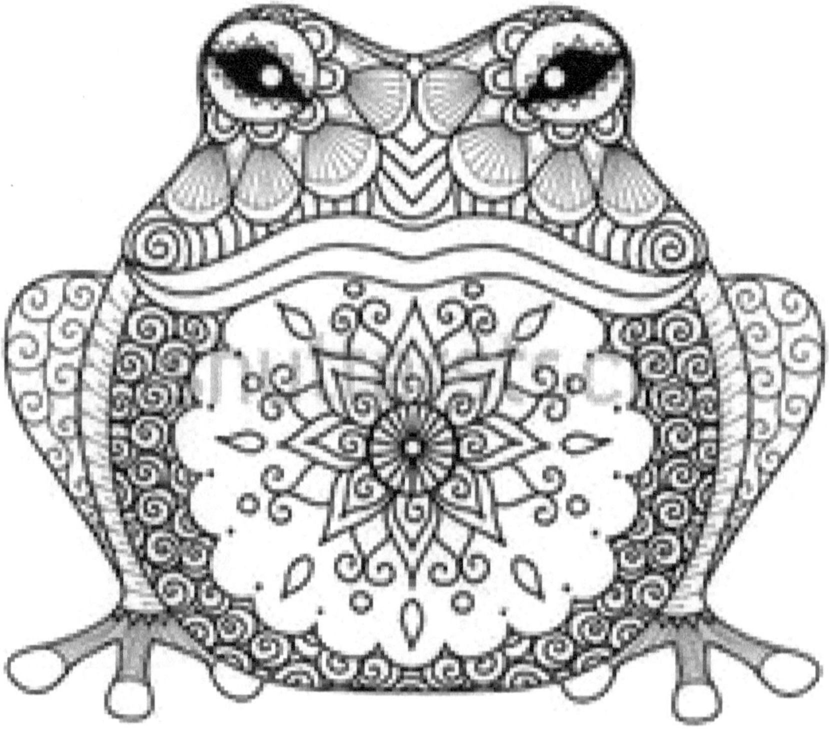

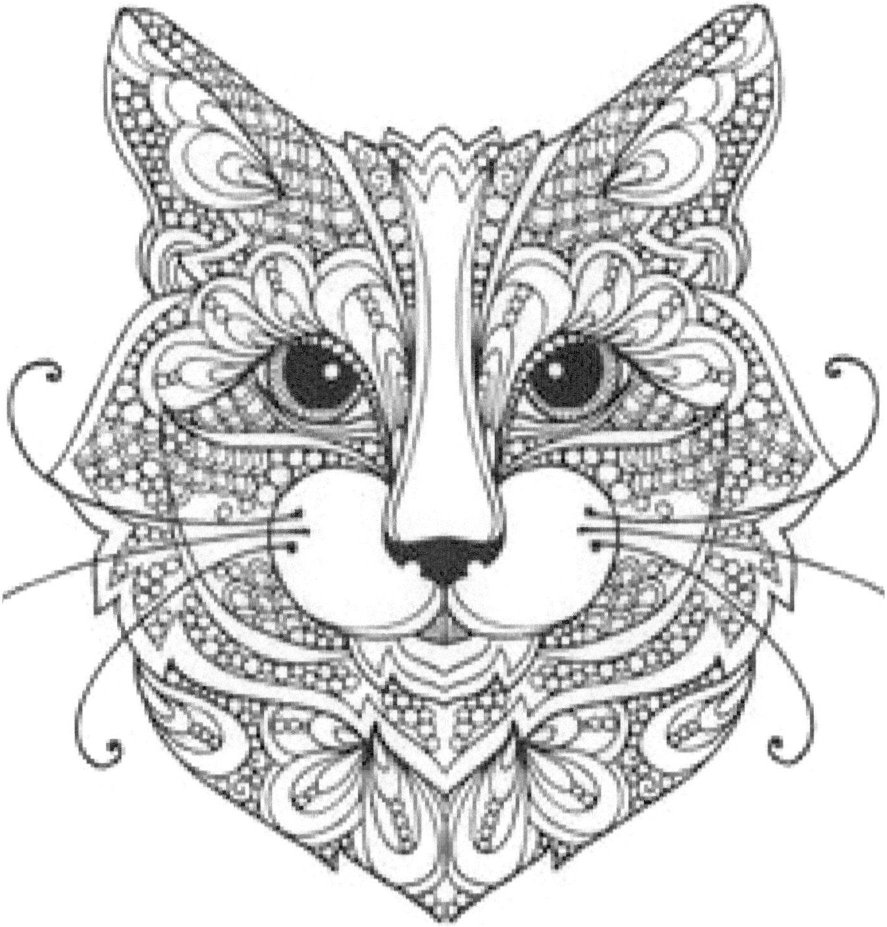

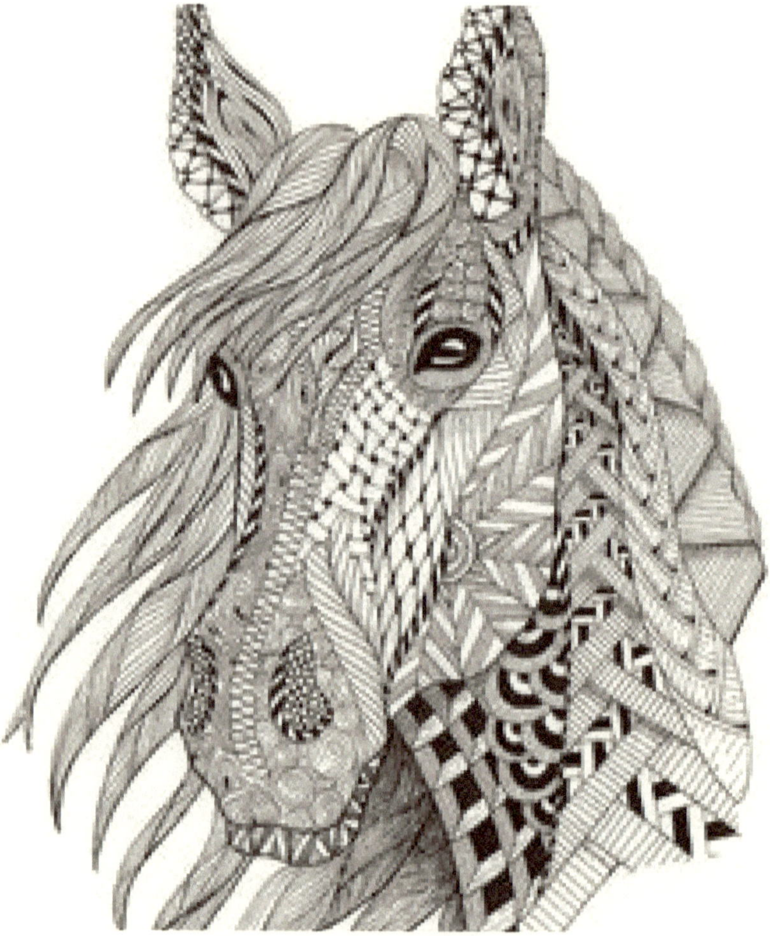

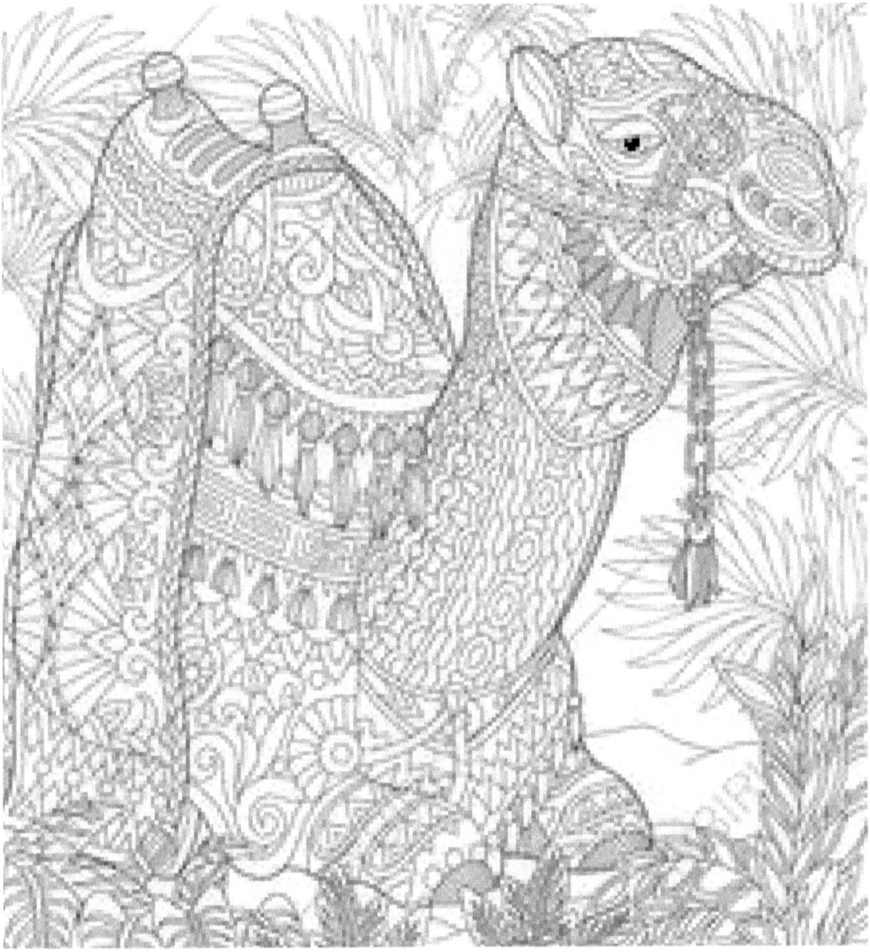

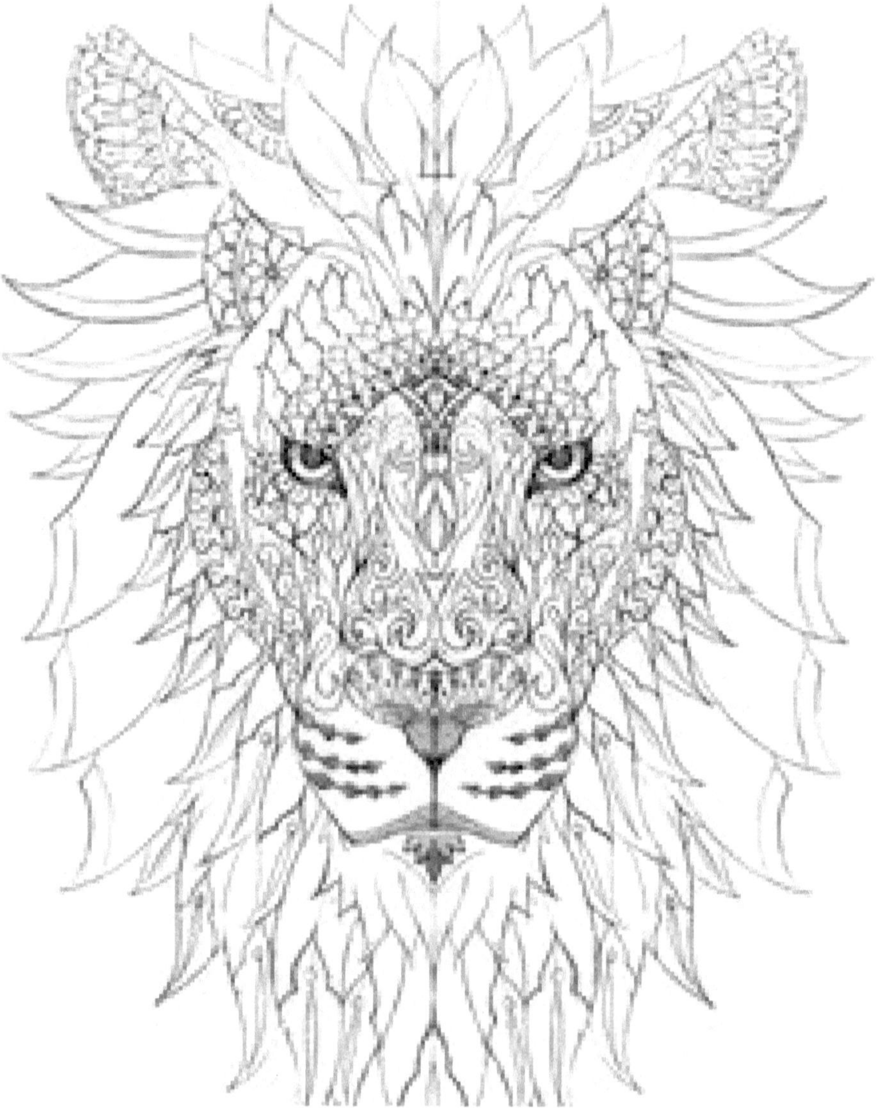

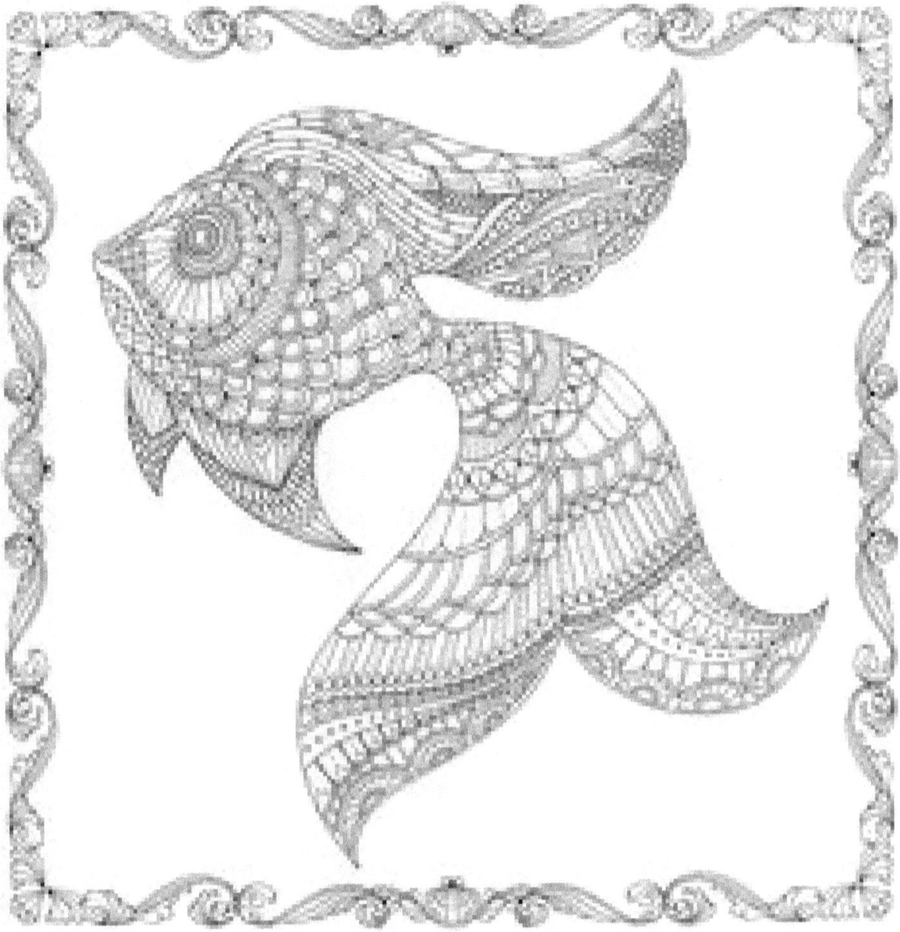

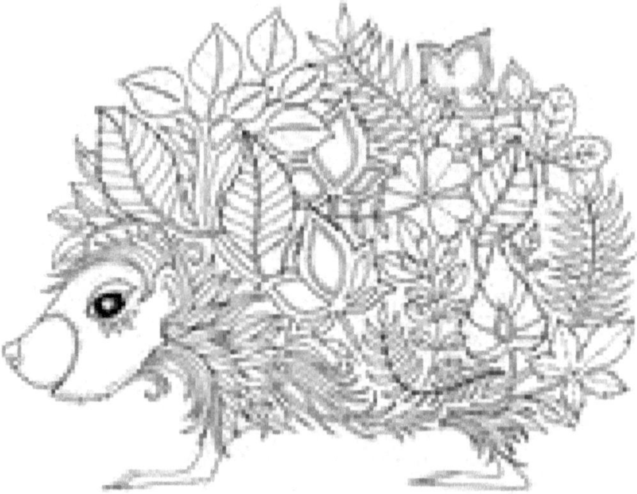

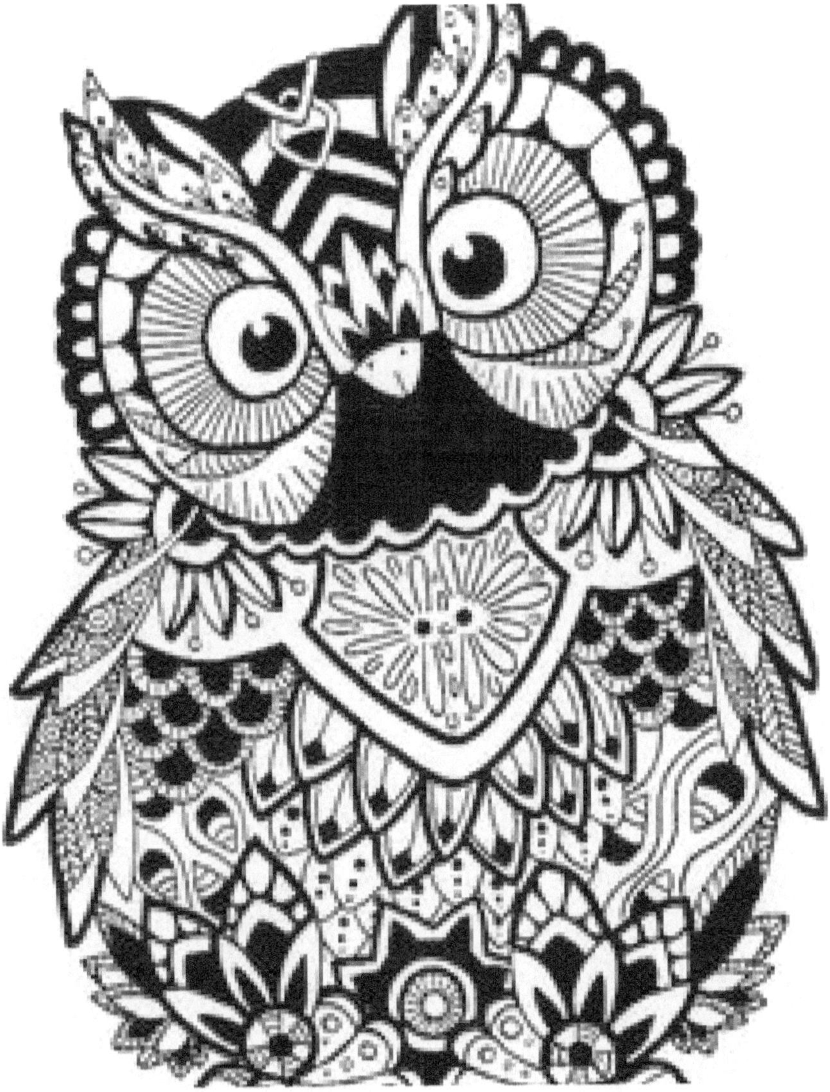

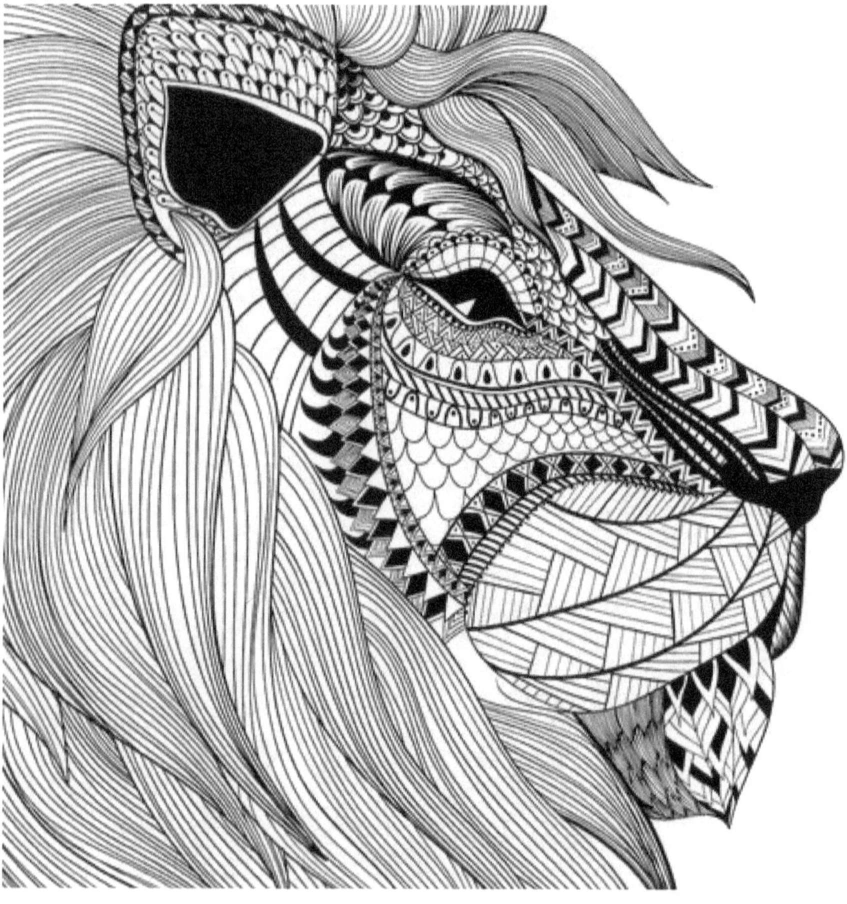

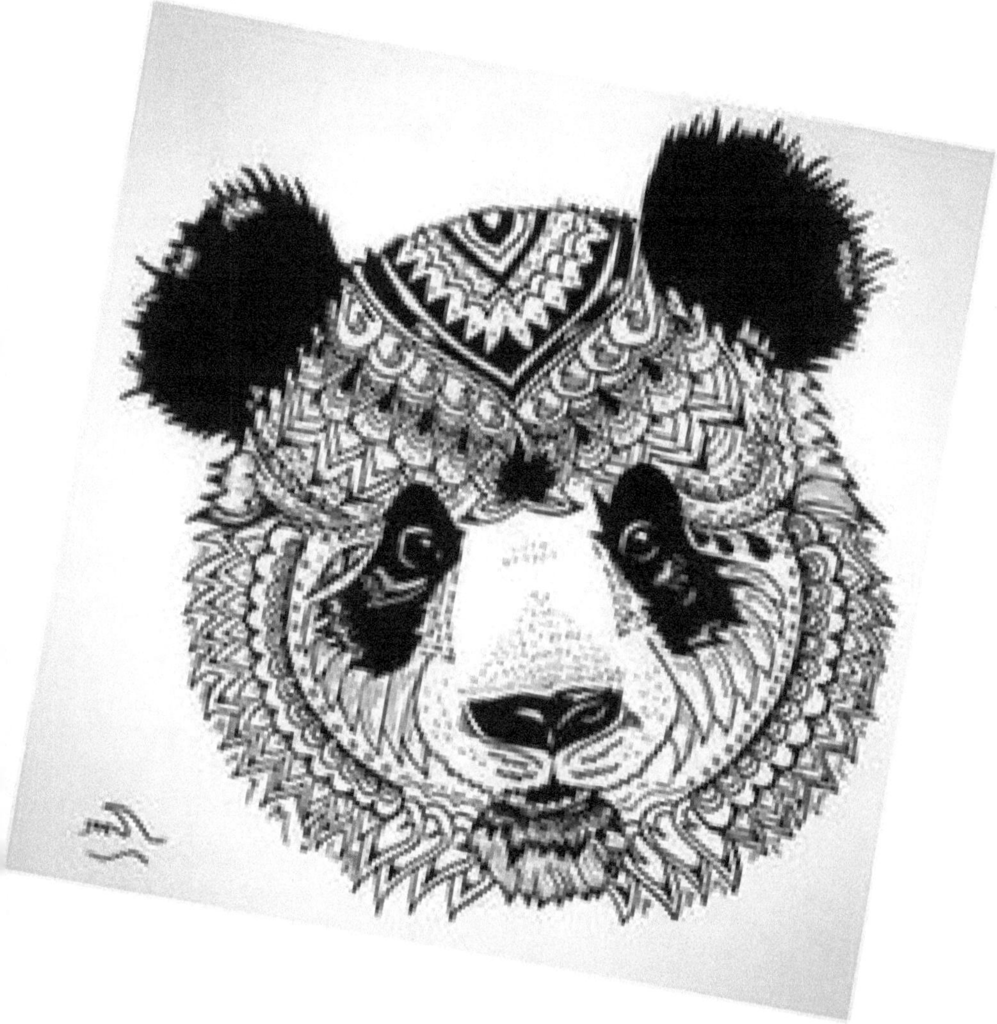

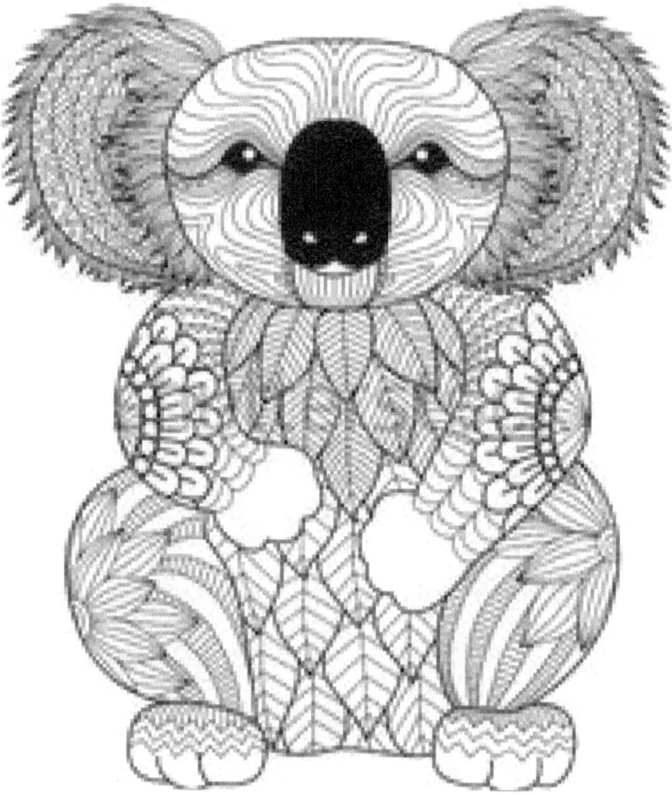

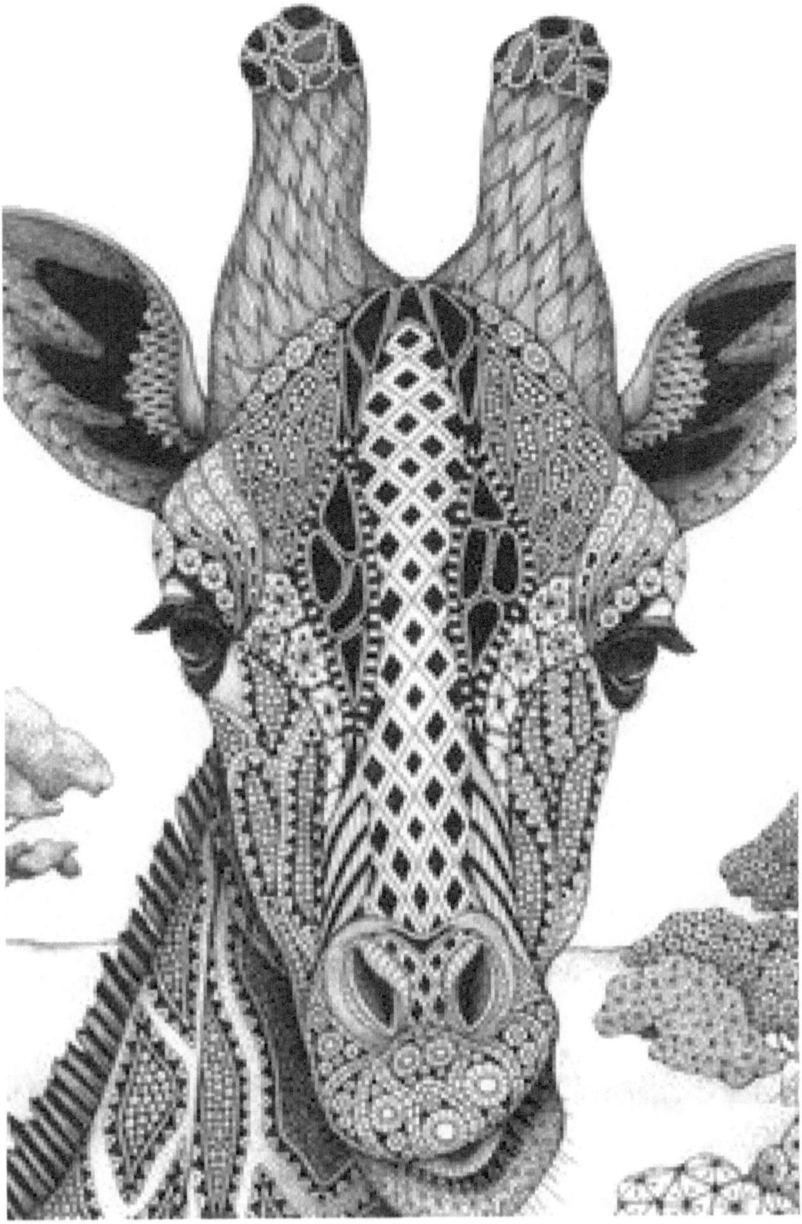

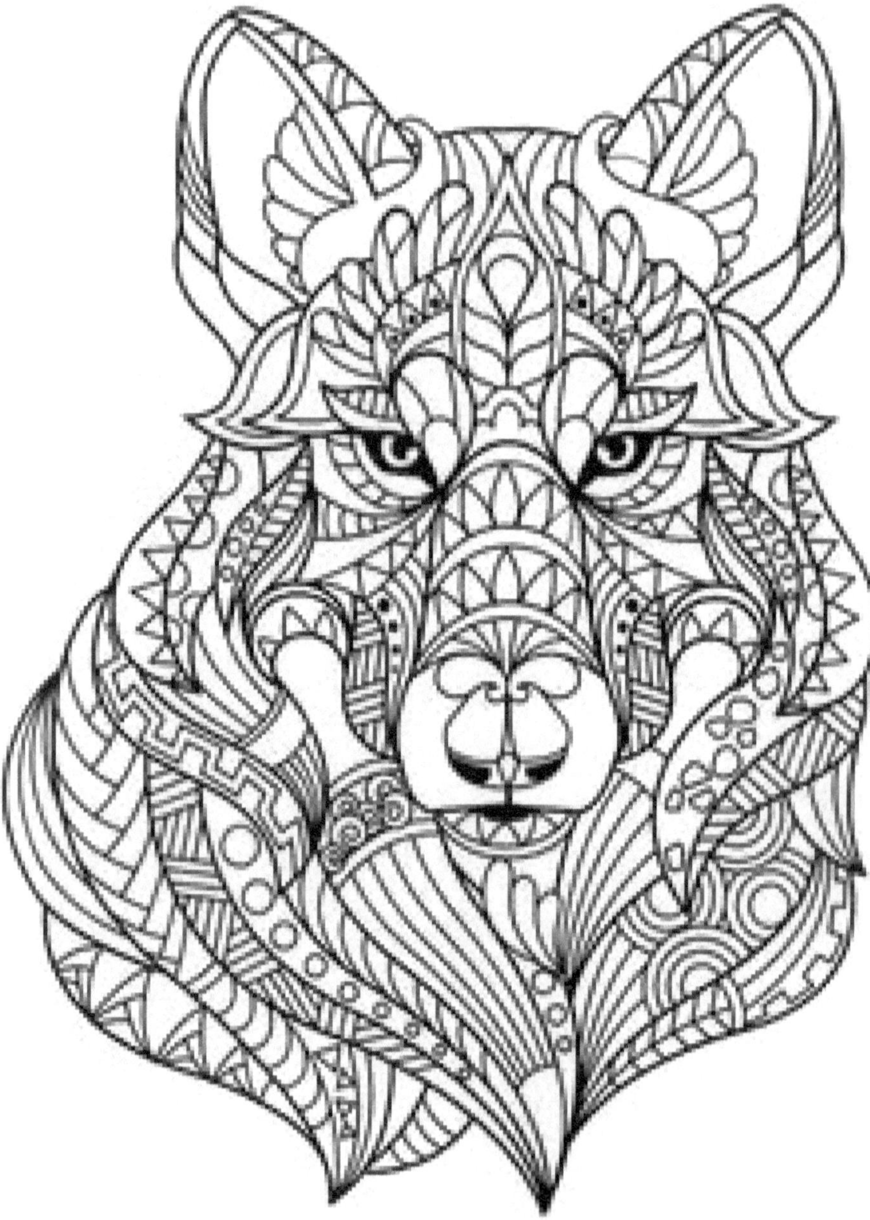

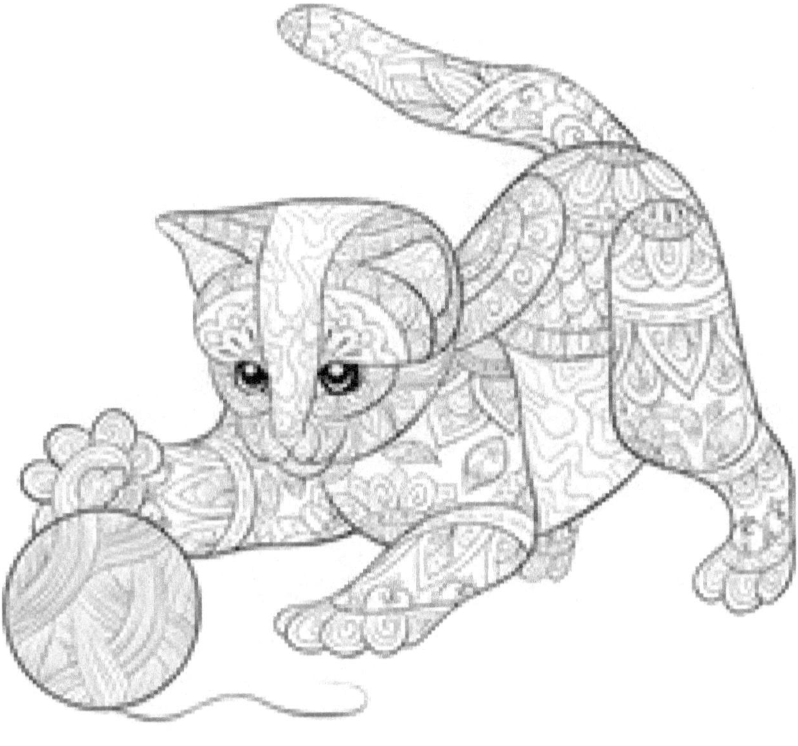

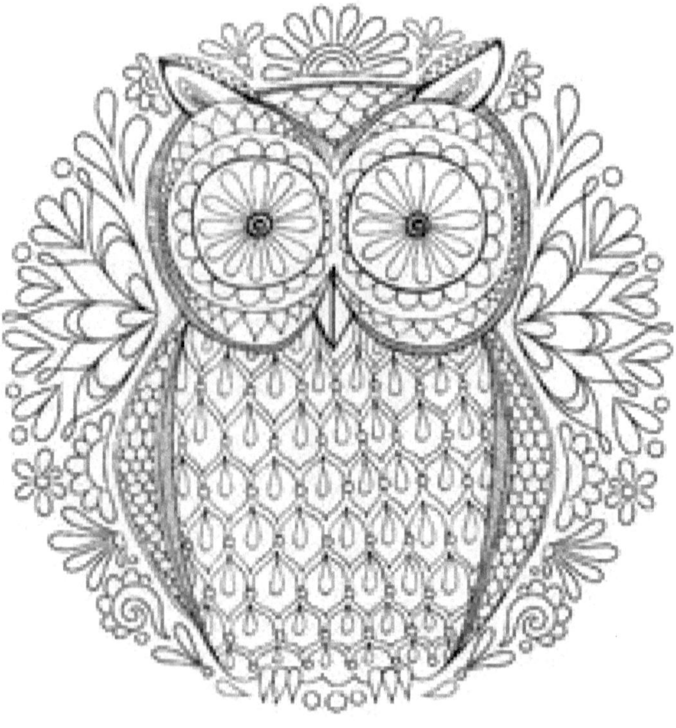

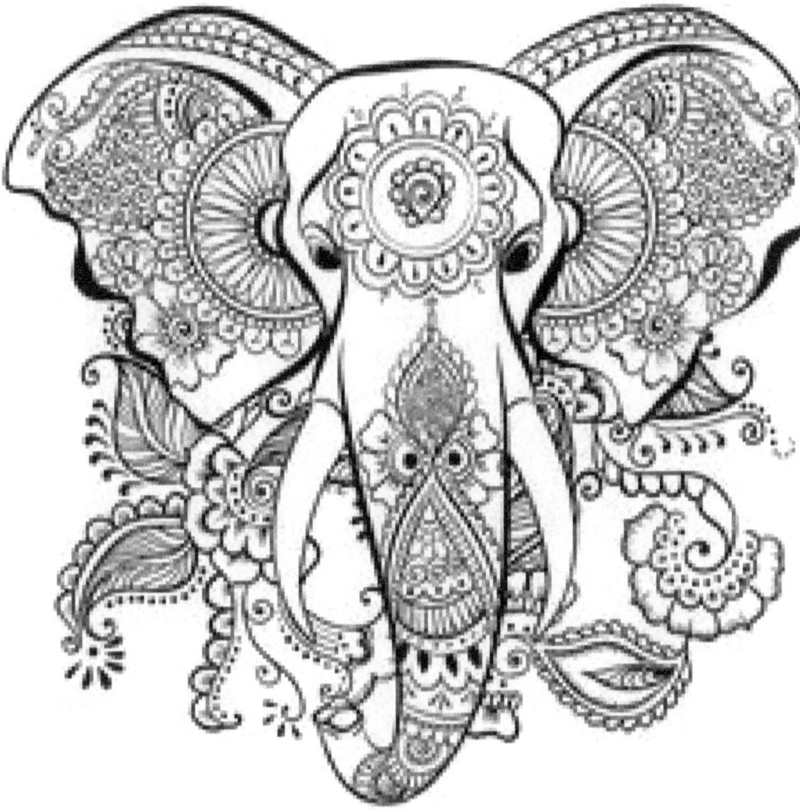

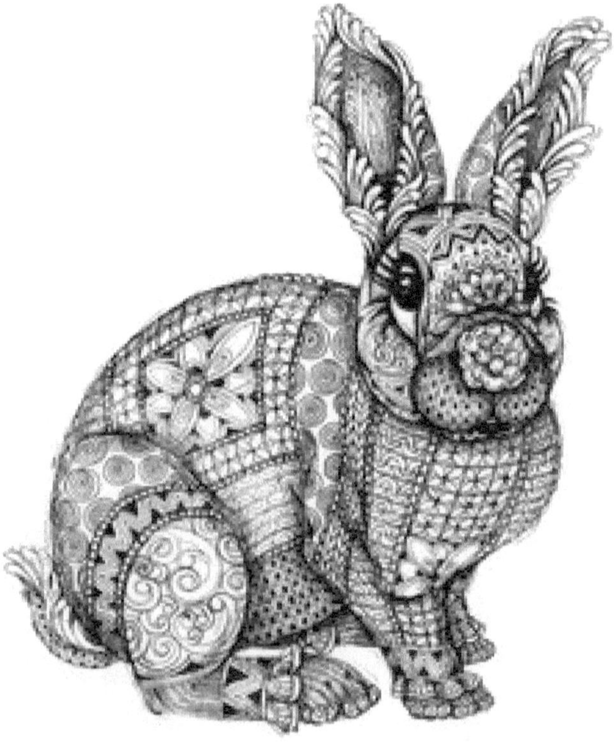

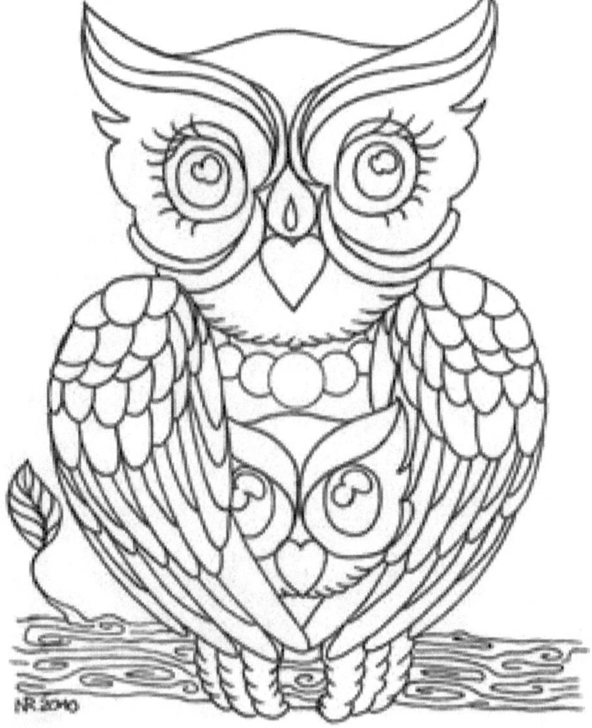
NR 2010

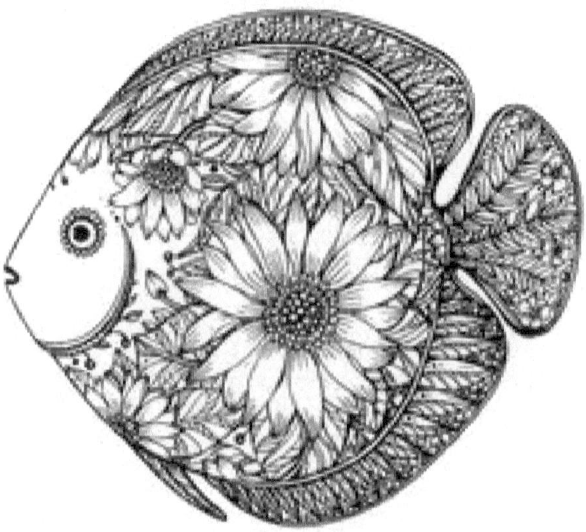

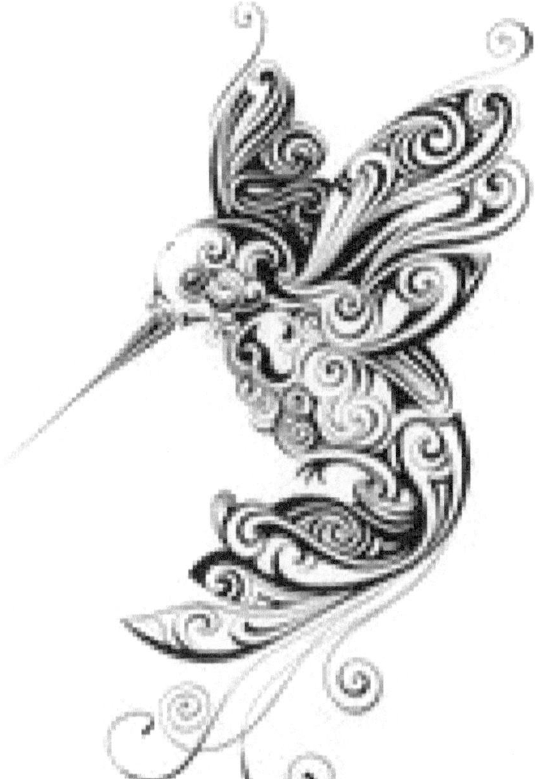

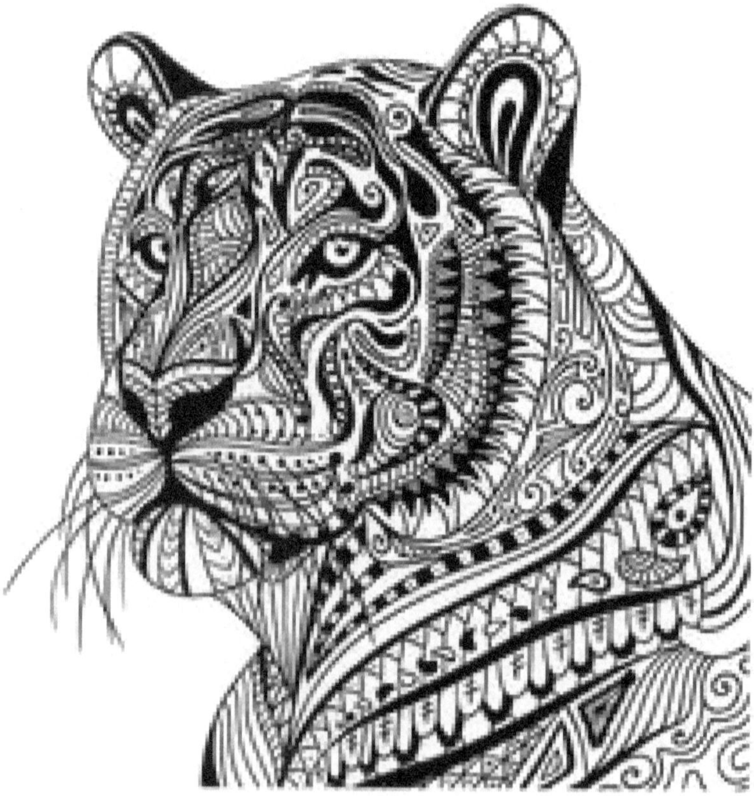

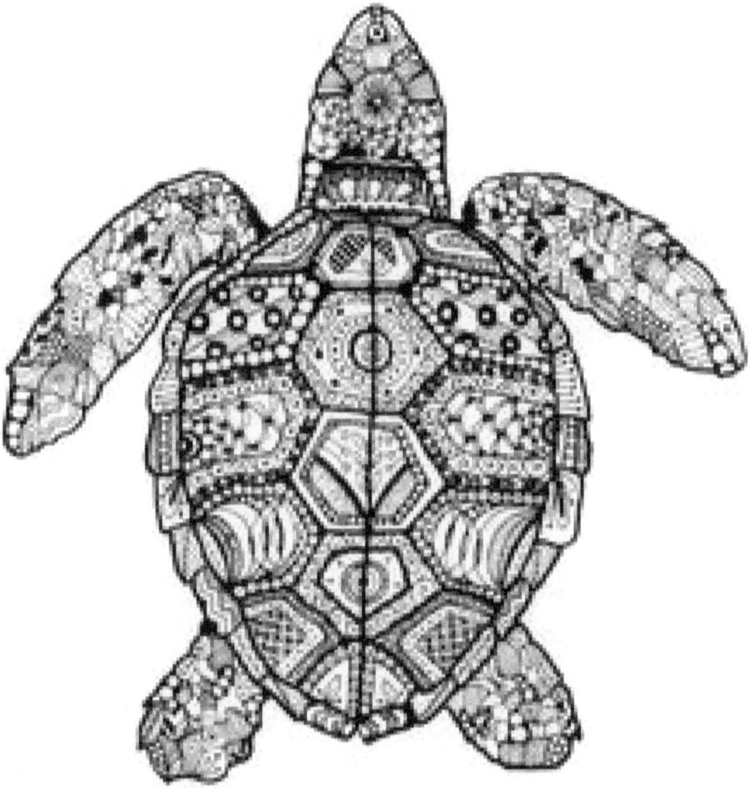

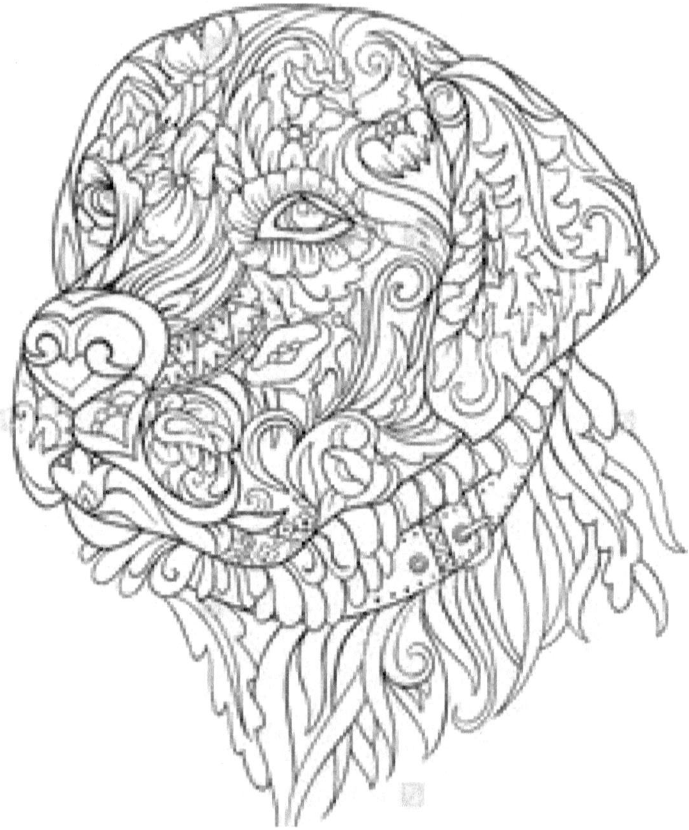

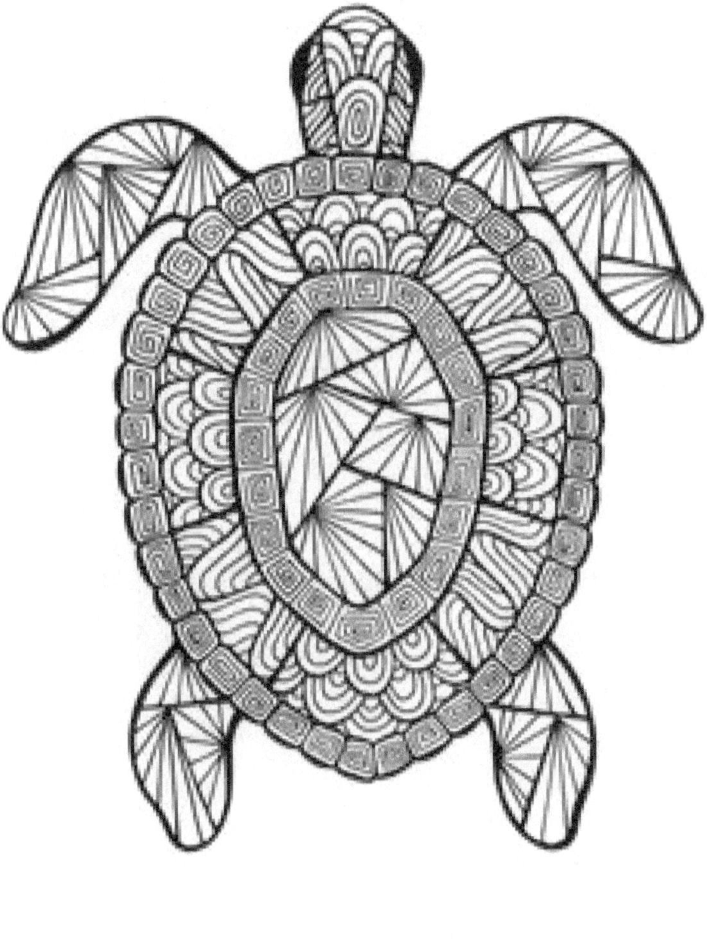

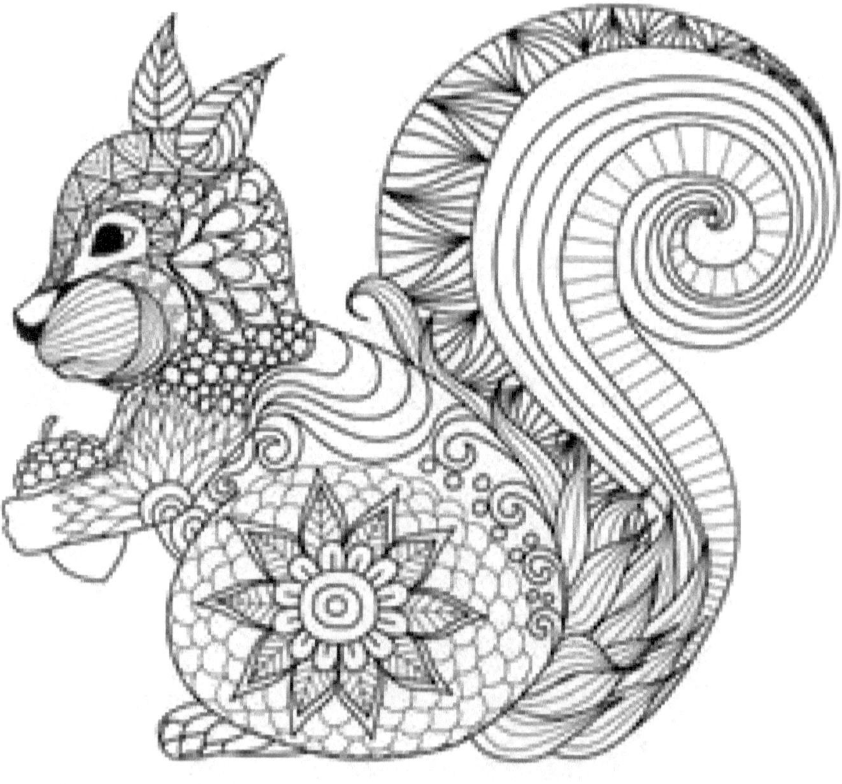

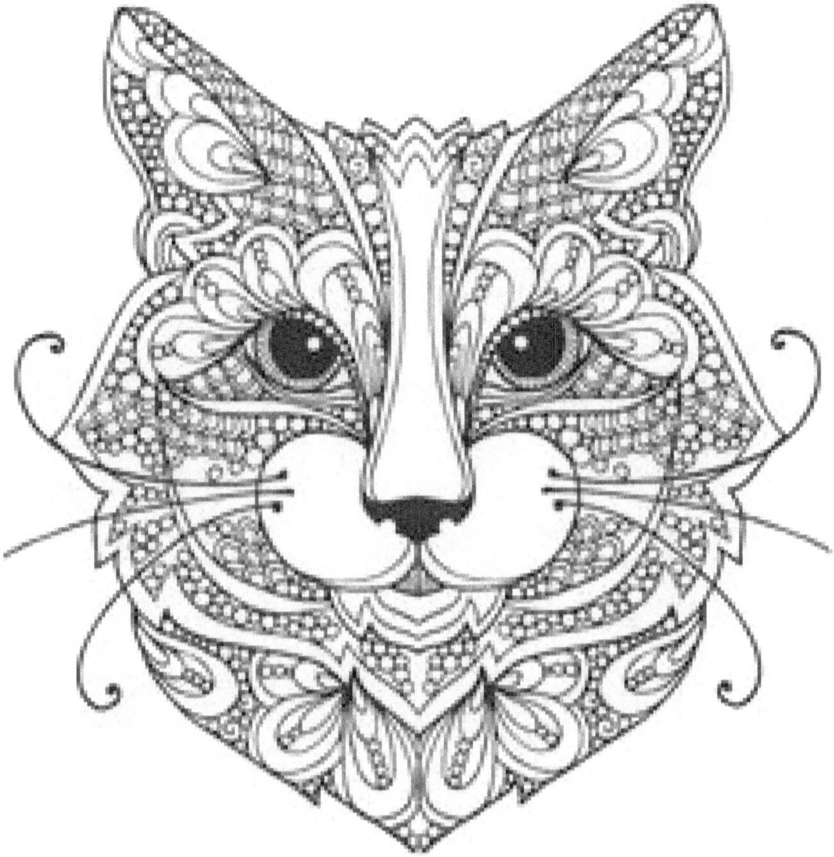

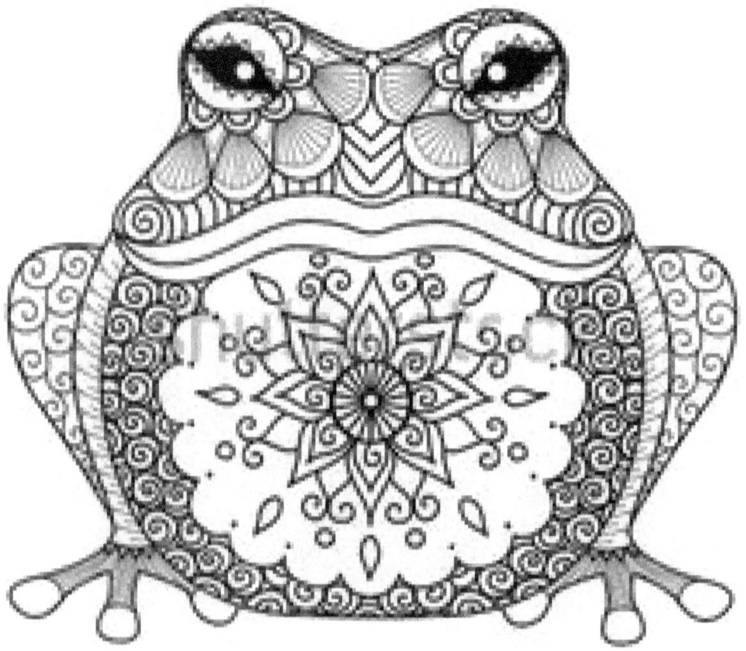

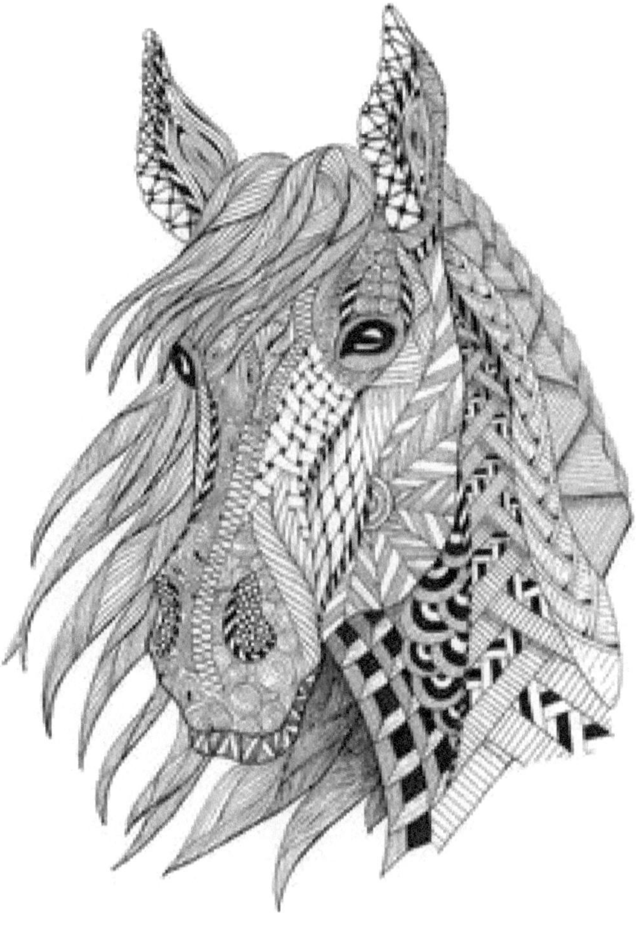

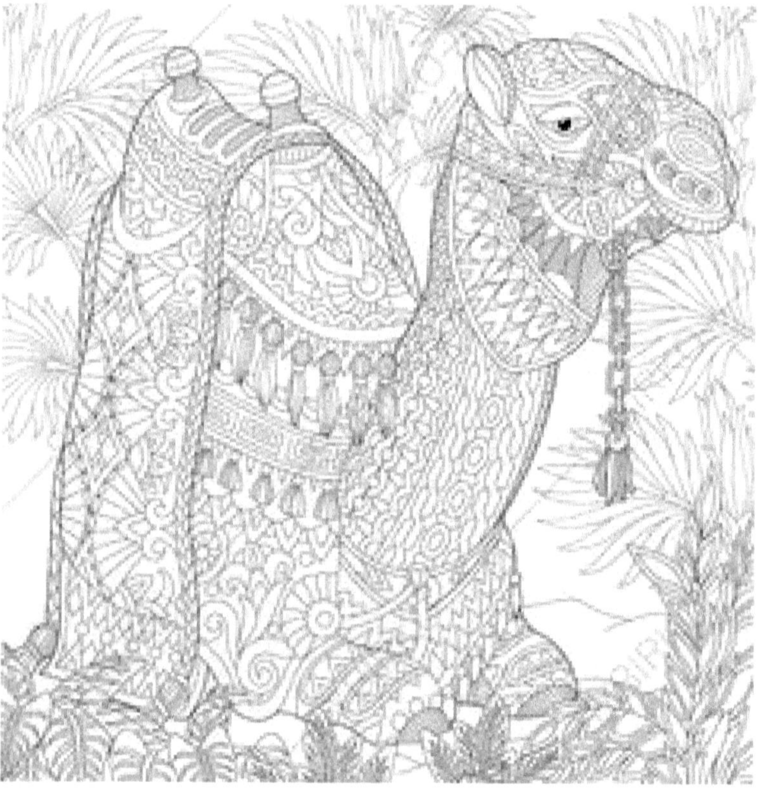

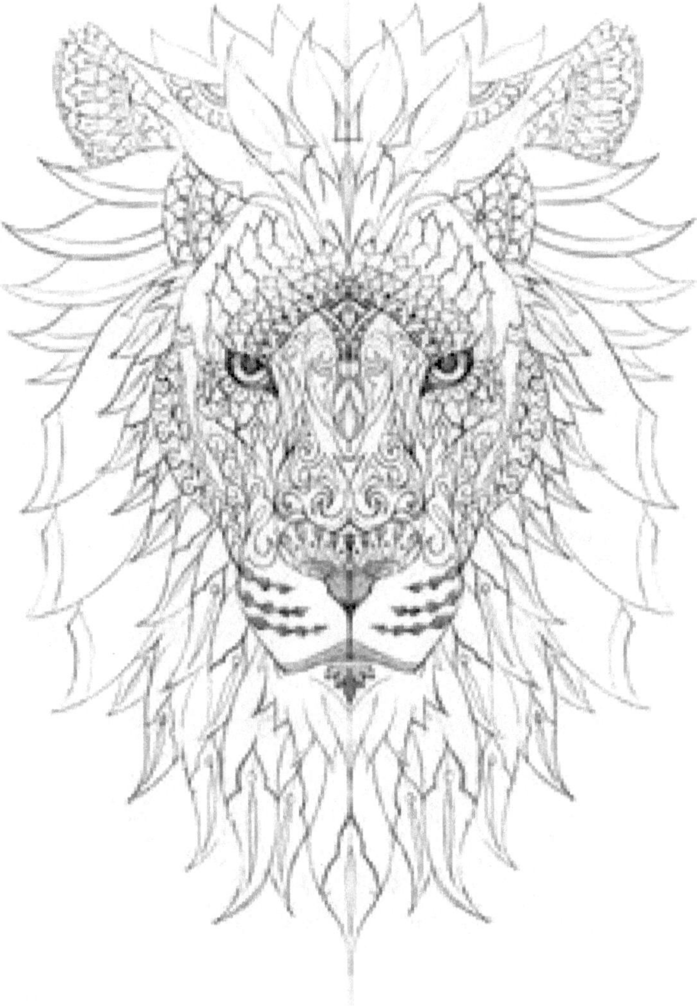

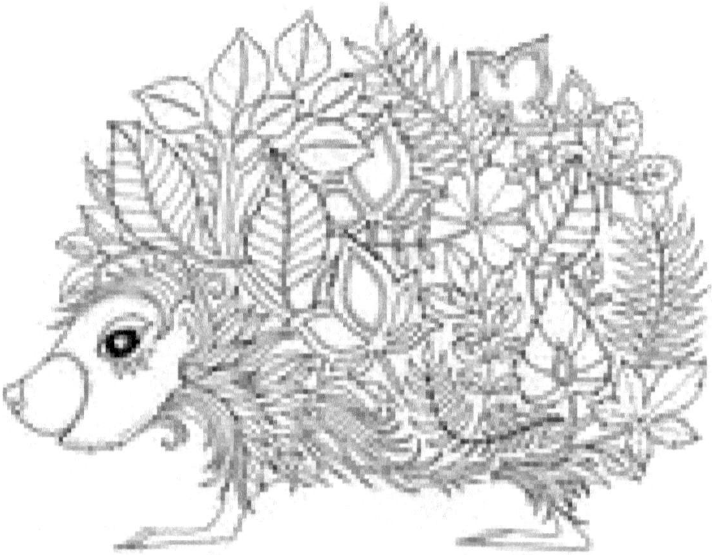

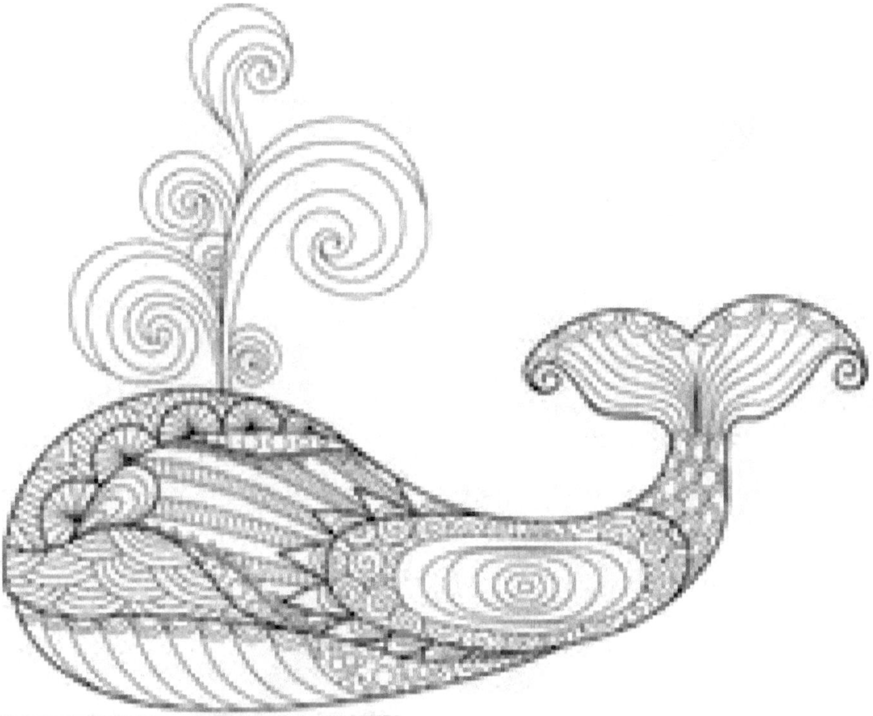

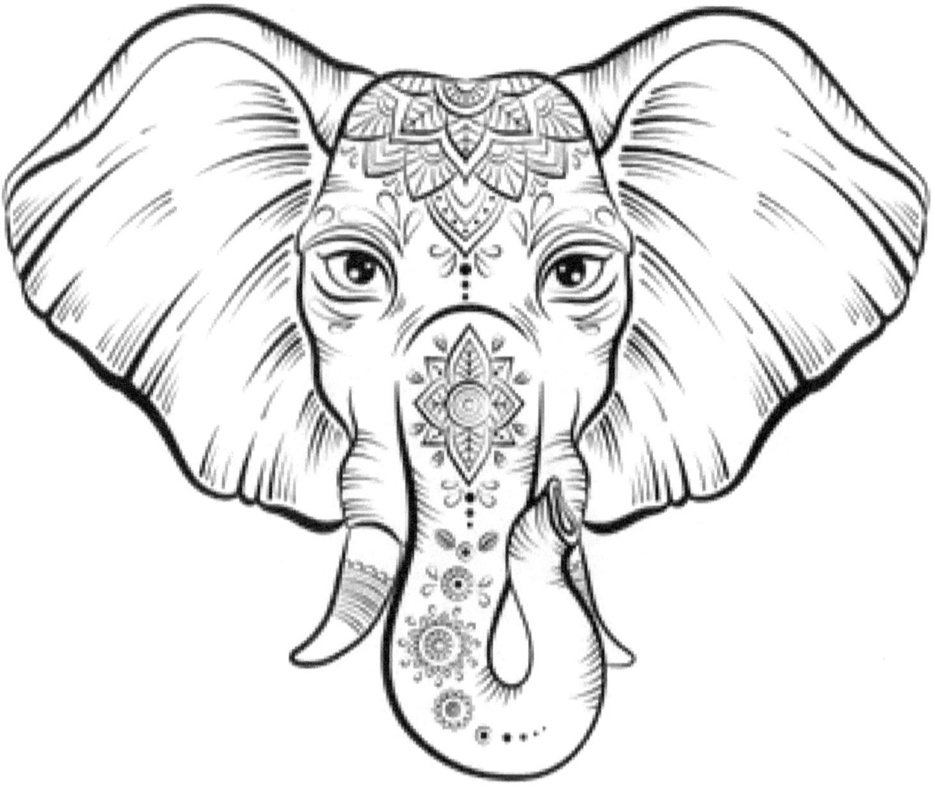

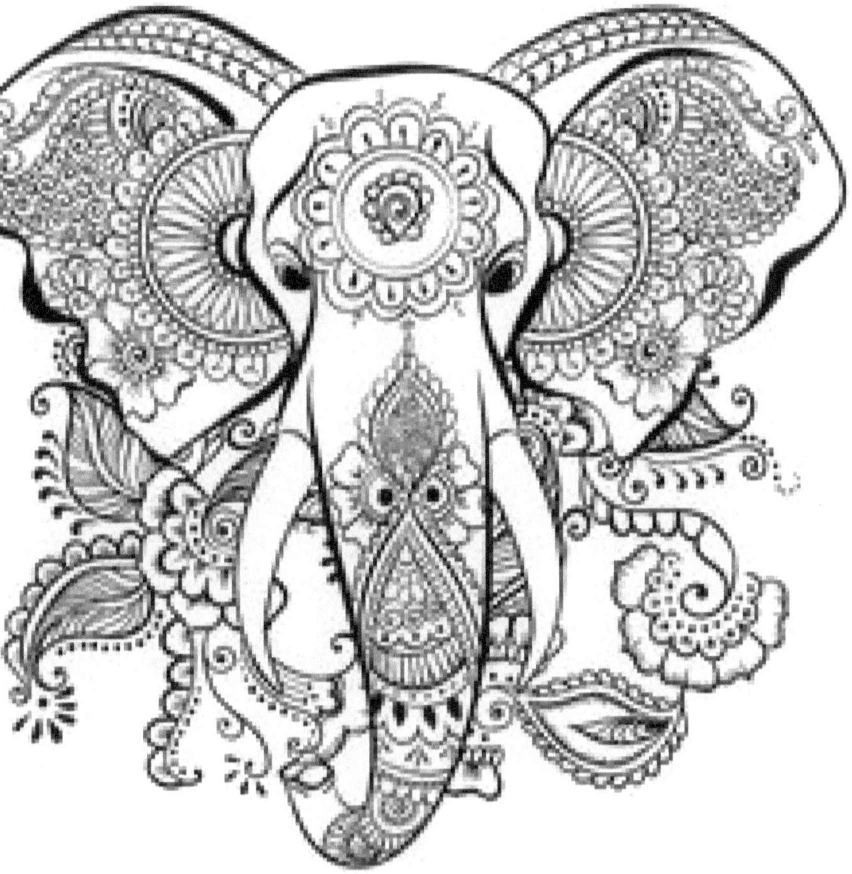

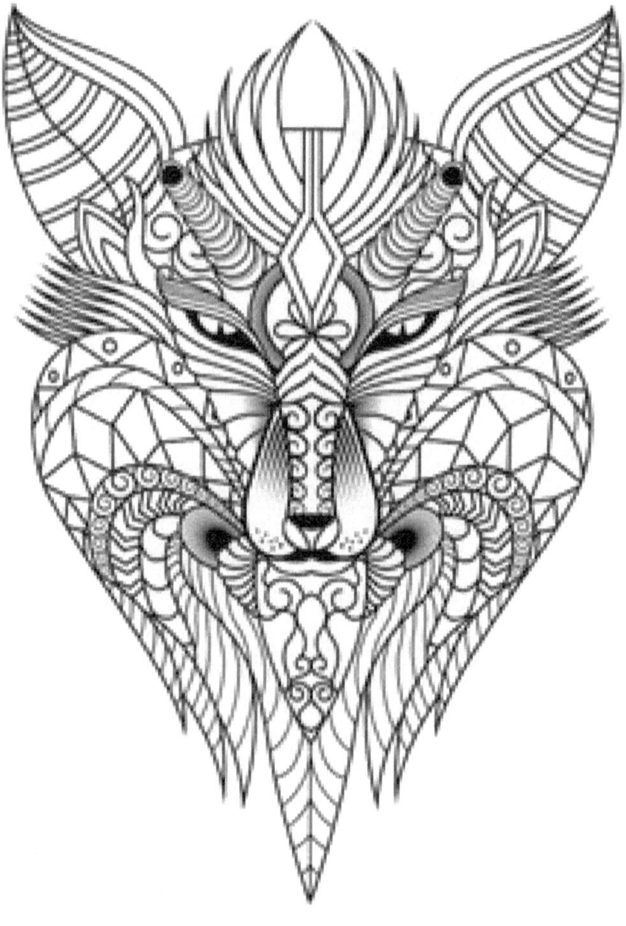

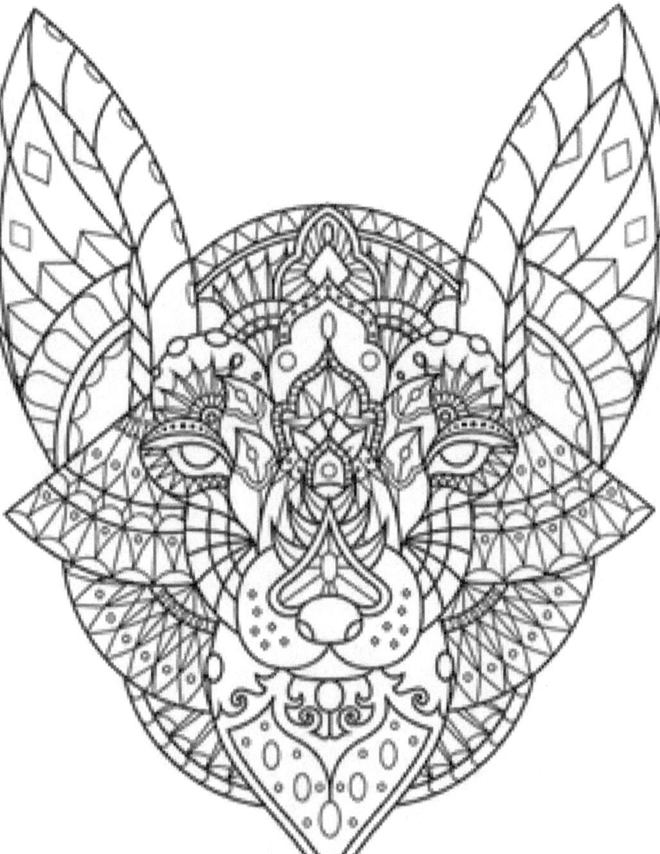